2016

中国知识产权统计年报

China Intellectual Property Statistical Yearbook 2016

国家知识产权局

知识产权出版社
全国百佳图书出版单位

图书在版编目（CIP）数据

中国知识产权统计年报.2016/国家知识产权局主办. —北京: 知识产权出版社, 2017.10

ISBN 978-7-5130-5196-5

Ⅰ.①中… Ⅱ.①国… Ⅲ.①知识产权—统计资料—中国—2016—年报 Ⅳ.①D923.4-66

中国版本图书馆CIP数据核字（2017）第247631号

内容提要

本年报由国家知识产权局主办，汇集了我国知识产权领域的年度统计数据，全面反映了我国知识产权领域每年的发展状况。本年报涵盖专利、商标、版权、集成电路布图设计、农业植物新品种、林业植物新品种、海关知识产权保护、知识产权司法保护等方面的内容。本书可供广大知识产权界业内人士、各级领导干部、企事业单位管理人员、科研人员、高等院校师生等参考阅读。

责任编辑：牛洁颖　崔开丽

文字编辑：崔开丽

责任校对：王　岩

责任出版：刘译文

中国知识产权统计年报2016

Zhongguo Zhishichanquan Tongji Nianbao 2016

国家知识产权局

出版发行：知识产权出版社有限责任公司

社　　址：北京市海淀区气象路 50 号院

责编电话：010-82000860 转 8109

发行电话：010-82000860 转 8101/8102

印　　刷：北京科信印刷有限公司

开　　本：889mm × 1194mm　1/16

版　　次：2017 年 10 月第 1 版

字　　数：300 千字

ISBN 978-7-5130-5196-5

网　　址：http：//www.ipph.cn

邮　　编：100081

责编邮箱：niujieying@sina.com

发行传真：010-82000893/82005070/82000270

经　　销：各大网上书店、新华书店及相关专业书店

印　　张：9.5

印　　次：2017 年 10 月第 1 次印刷

定　　价：60.00 元

编写指导小组

组　　长　申长雨

副 组 长　甘绍宁　刘俊臣　周慧琳

成　　员　（按姓氏笔画排序）

于慈珂　王焕良　毕　囡　刘慧玲　宋晓明

汪学军　杨宗仁　崔守东　诸敏刚

编 辑 委 员 会

主　　编　甘绍宁

副 主 编　毕　囡　诸敏刚　刘菊芳

成　　员　（按姓氏笔画排序）

王润贵　龙三群　陈　奎　杨国鑫　张建忠

林祥明　段玉萍　夏君丽　黄建华

编 辑 人 员

责任编辑　牛洁颖　崔开丽

特约编辑　（按姓氏笔画排序）

王　燕　叶婷婷　李　虎　刘　磊　何晓丹

张　博　张芬涛　高　佳　龚玉梅

目　　录

I　专　　利

▶ 一、专利申请受理与授权状况

Ⅲ　版　　权

Ⅳ　集成电路布图设计

Ⅴ　农业植物新品种

VI 林业植物新品种

VII 海关知识产权保护

Ⅷ　知识产权司法保护

I

专　利

一、专利申请受理与授权状况

表1　国内外三种专利申请受理年度状况（1985.4~2016.12）　（单位：件）

Distribution of Annual Applications for Three Kinds of Patents Received from Home and Abroad（1985.4–2016.12）（unit:piece）

	年份 Year	合计 Total	发明 Invention	实用新型 Utility Model	外观设计 Design
合计 Total	1985~2011	8 665 828	2 849 906	2 997 243	2 818 679
	2012	2 050 649	652 777	740 290	657 582
	2013	2 377 061	825 136	892 362	659 563
	2014	2 361 243	928 177	868 511	564 555
	2015	2 798 500	1 101 864	1 127 577	569 059
	2016	3 464 824	1 338 503	1 475 977	650 344
国内 Domestic	1985~2011	7 500 037	1 843 959	2 976 278	2 679 800
	2012	1 912 151	535 313	734 437	642 401
	2013	2 234 560	704 936	885 226	644 398
	2014	2 210 616	801 135	861 053	548 428
	2015	2 639 446	968 251	1 119 714	551 481
	2016	3 305 225	1 204 981	1 468 295	631 949
国外 Foreign	1985~2011	1 165 791	1 005 947	20 965	138 879
	2012	138 498	117 464	5853	15 181
	2013	142 501	120 200	7136	15 165
	2014	150 627	127 042	7458	16 127
	2015	159 054	133 613	7863	17 578
	2016	159 599	133 522	7682	18 395

表2 国内三种专利申请受理量（1985.4~2016.12） （单位：件）

Distribution of Applications for Three Kinds of Patents Received from Home（1985.4–2016.12） （unit:piece）

地区 Region	总累计 Accumulated Number			2016年 Year 2016		
	发明 Invention	实用新型 Utility Model	外观设计 Design	发明 Invention	实用新型 Utility Model	外观设计 Design
全国总计 Total	6 058 575	8 045 003	5 698 457	1 204 981	1 468 295	631 949
北京 Beijing	621 141	419 574	112 286	104 643	64 496	19 990
天津 Tianjin	183 897	283 924	71 700	38 153	63 589	4772
河北 Hebei	74 594	178 057	54 650	14 141	30 253	10 444
山西 Shanxi	50 859	69 456	26 309	8208	10 079	1744
内蒙古 Inner Mongolia	18 183	37 906	11 684	2878	6401	1393
辽宁 Liaoning	178 916	247 279	71 546	25 561	22 996	4046
吉林 Jilin	49 939	73 030	18 029	7537	9647	1738
黑龙江 Heilongjiang	89 981	146 999	47 247	13 177	18 856	3260
上海 Shanghai	383 017	357 379	232 097	54 339	51 836	13 762
江苏 Jiangsu	977 455	1 011 382	1 534 666	184 632	192 636	135 161
浙江 Zhejiang	399 339	1 002 334	900 320	93 254	199 244	100 649
安徽 Anhui	300 977	314 959	112 065	95 963	67 031	9558
福建 Fujian	104 186	266 388	164 851	27 041	78 176	25 159
江西 Jiangxi	40 072	106 000	63 596	8202	32 631	19 661
山东 Shandong	476 088	693 079	236 517	88 359	106 100	18 452
河南 Henan	137 695	276 367	100 675	28 582	51 358	14 729
湖北 Hubei	177 374	254 957	114 926	43 789	42 181	9187

（续表 cont'd）

地区 Region	总累计 Accumulated Number			2016年 Year 2016		
	发明 Invention	实用新型 Utility Model	外观设计 Design	发明 Invention	实用新型 Utility Model	外观设计 Design
湖南 Hunan	127 888	194 835	95 589	25 524	29 635	12 620
广东 Guangdong	706 301	937 225	1 096 084	155 581	203 609	146 477
广西 Guangxi	130 229	69 593	25 934	43 078	11 599	4562
重庆 Chongqing	125 211	198 749	82 790	19 981	32 099	7438
四川 Sichuan	215 430	292 574	237 241	54 277	58 088	30 157
贵州 Guizhou	45 353	56 446	32 816	10 953	11 081	3281
云南 Yunnan	41 705	61 252	22 867	7907	13 549	2253
西藏 Tibet	991	1011	1150	176	410	126
陕西 Shaanxi	152 382	165 784	118 652	22 565	27 149	19 897
甘肃 Gansu	33 945	46 316	14 858	6114	10 272	3890
青海 Qinghai	5551	6244	3017	1381	1569	334
宁夏 Ningxia	12 277	12 948	4455	2510	3329	310
新疆 Xinjiang	19 556	48 140	17 516	3598	7999	2508
海南 Hainan	9089	9715	5334	1278	1854	526
香港 Hong Kong	11 690	12 105	28 487	1278	1195	2079
澳门 Macao	314	342	447	38	33	150
台湾 Taiwan	156 950	192 654	38 056	10 283	7315	1636
广州 Guangzhou	126 903	163 968	156 694	31 892	41 517	25 783
长春 Changchun	33 755	35 735	9444	5797	6522	1012
武汉 Wuhan	95 424	127 913	42 947	20 643	20 504	3679
南京 Nanjing	170 183	123 676	90 639	31 556	26 170	7535

（续表 cont'd）

地区 Region	总累计 Accumulated Number			2016年 Year 2016		
	发明 Invention	实用新型 Utility Model	外观设计 Design	发明 Invention	实用新型 Utility Model	外观设计 Design
杭州 Hangzhou	129 772	198 812	129 895	25 009	32 256	16 429
西安 Xi'an	128 904	122 068	87 042	18 569	18 369	9165
济南 Jinan	83 911	111 736	29 742	14 669	15 310	1879
沈阳 Shenyang	71 293	80 638	21 332	12 289	8472	1301
成都 Chengdu	152 479	179 219	178 765	39 431	37 261	21 269
大连 Dalian	66 305	72 465	29 453	7129	6042	863
厦门 Xiamen	26 992	52 485	30 186	5511	10 245	4708
哈尔滨 Harbin	70 960	77 005	26 144	11 198	12 646	2141
深圳 Shenzhen	337 122	274 012	201 435	56 326	56 881	32 106
青岛 Qingdao	183 692	109 966	48 384	34 953	21 009	3566
宁波 Ningbo	81 482	194 057	219 341	19 328	26 388	22 528
新疆建设兵团 Xinjiang Bingtuan	2669	4575	454	637	1258	118

表3　国外三种专利申请受理量（1985.4~2016.12）　　（单位：件）

Distribution of Applications for Three Kinds of Patents Received from Abroad（1985.4–2016.12）　　（unit：piece）

国家和地区 Country and Region	总累计 Accumulated Number			2016年 Year 2016		
	发明 Invention	实用新型 Utility Model	外观设计 Design	发明 Invention	实用新型 Utility Model	外观设计 Design
合计 Total	1 637 785	56 957	221 312	133 522	7682	18 395
安道尔 Andorra	16	1	2	2		
阿联酋 United Arab Emirates	109	23	178	34	5	16
阿富汗 Afghanistan			11			
安提瓜和巴布达 Antigua and Barbuda	8		3			
安圭拉 Anguilla	5	1	1	3		
阿尔巴尼亚 Albania	1	1	1	1	1	1
亚美尼亚 Armenia	8		1	1		
荷属安的列斯群岛 Netherlands Antilles	319	1	11	4		
安哥拉 Angola			1			
阿根廷 Argentina	135	12	17	4		1
美属萨摩亚 American Samoa		1				
奥地利 Austria	8634	282	883	946	52	56
澳大利亚 Australia	10 506	580	2828	624	86	217
阿鲁巴 Aruba	1					
阿塞拜疆 Azerbaijan	6	1			1	

（续表 cont'd）

国家和地区 Country and Region	总累计 Accumulated Number			2016年 Year 2016		
	发明 Invention	实用新型 Utility Model	外观设计 Design	发明 Invention	实用新型 Utility Model	外观设计 Design
波斯尼亚和黑塞哥维那 Bosnia and Herzegovina	1		1			1
巴巴多斯 Barbados	1102	10	98	88	7	30
孟加拉国 Bangladesh	7	1	4			
比利时 Belgium	8141	158	745	700	38	67
保加利亚 Bulgaria	95	6	29	6		3
巴林 Bahrain	3		1			
布隆迪 Burundi	1					
贝宁 Benin			1			
百慕大群岛 Bermuda	1051	124	115	83		
文莱 Brunei	40	36	23			
玻利维亚 Bolivia	1					
巴西 Brazil	1528	103	504	134	23	26
巴哈马 Bahamas	214	18	52	9		
白俄罗斯 Belarus	19	3	6			
伯利兹 Belize	41	57	12	8	5	
加拿大 Canada	14 182	505	1618	985	48	124
中非 Central African			2			
瑞士 Switzerland	42 709	1326	7969	3453	212	785

（续表 cont'd）

国家和地区 Country and Region	总累计 Accumulated Number			2016年 Year 2016		
	发明 Invention	实用新型 Utility Model	外观设计 Design	发明 Invention	实用新型 Utility Model	外观设计 Design
科特迪瓦 Ivory Coast			1			1
库克群岛 Cook Islands	5	1	13			
智利 Chile	183	6	6	16	1	
喀麦隆 Cameroon	2					
哥伦比亚 Colombia	67	3	17	6		4
哥斯达黎加 Costa Rica	7		1			
捷克斯洛伐克 Czechoslovakia	64	6	3	1		
塞尔维亚和黑山 Serbia and Montenegro	2					
古巴 Cuba	172		3	4		
塞浦路斯 Cyprus	282	20	62	15	6	10
捷克 Czech	415	82	744	65	11	67
德国 Germany	161 341	5044	18 978	14 158	757	1726
丹麦 Denmark	10 227	266	1978	858	24	169
多米尼克 Dominica	3					
多米尼加 Dominican	3	2	4			4
阿尔及利亚 Algeria	6	1				
厄瓜多尔 Ecuador	11	2	5			
爱沙尼亚 Estonia	58	3	21	12		3

（续表 cont'd）

国家和地区 Country and Region	总累计 Accumulated Number			2016年 Year 2016		
	发明 Invention	实用新型 Utility Model	外观设计 Design	发明 Invention	实用新型 Utility Model	外观设计 Design
埃及 Egypt	31	7	21	2	2	
西撒哈拉 Western Sahara		1				
厄立特里亚 Eritrea	1			1		
西班牙 Spain	4668	263	1978	393	28	120
埃塞俄比亚 Ethiopia		1	1			
芬兰 Finland	15 805	457	1800	1007	58	83
斐济 Fiji	1	8	1			
福克兰群岛（马尔维纳斯群岛） Falkland Islands			1			
法国 France	59 034	1921	9210	4631	301	843
英国 U.K.	31 208	998	6163	2372	131	610
格林纳达 Grenada	1					
格鲁吉亚 Georgia	6	1	9		1	2
直布罗陀 Gibraltar	27	1	4	3		
希腊 Greece	279	4	77	28	1	13
危地马拉 Guatemala	1		6			
中国香港 Hong Kong，China						
洪都拉斯 Honduras			1			
克罗地亚 Croatia	135	4	6	3		

（续表 cont'd）

国家和地区 Country and Region	总累计 Accumulated Number			2016年 Year 2016		
	发明 Invention	实用新型 Utility Model	外观设计 Design	发明 Invention	实用新型 Utility Model	外观设计 Design
海地 Haiti			1			
匈牙利 Hungary	966	17	30	39	3	
印度尼西亚 Indonesia	84	26	146		1	12
爱尔兰 Ireland	2168	67	223	223	4	15
以色列 Israel	7000	271	742	800	31	88
印度 India	2897	62	423	288	8	38
伊拉克 Iraq	4	3	5		1	1
伊朗 Iran	12	12	38	1	9	18
冰岛 Iceland	216	2	3	9	1	2
意大利 Italy	20 057	796	7702	1610	145	675
泽西岛 Jersey Island	11			1		
牙买加 Jamaica	4		1			
约旦 Jordan	24	6	10	3		2
日本 Japan	562 365	20 023	73 122	39 207	2134	3810
肯尼亚 Kenya	6		1	1		
吉尔吉斯斯坦 Kyrgyzstan	5					
柬埔寨 Cambodia	2					
圣基茨和尼维斯 Saint Kitts and Nevis	6	1		1		

（续表 cont'd）

国家和地区 Country and Region	总累计 Accumulated Number			2016年 Year 2016		
	发明 Invention	实用新型 Utility Model	外观设计 Design	发明 Invention	实用新型 Utility Model	外观设计 Design
朝鲜 D.P.R.K.	22	3				
韩国 Korea	138 173	4415	22 719	13 764	814	2982
科威特 Kuwait	14		3			1
开曼群岛 Cayman Islands	10 708	337	1490	3309	47	436
哈萨克斯坦 Kazakhstan	31	7				
黎巴嫩 Lebanon	11	11	8			2
列支敦士登 Liechtenstein	1456	12	604	137	2	37
斯里兰卡 Sri Lanka	17	2	48			
利比里亚 Liberia	2		1			
莱索托 Lesotho		1				
立陶宛 Lithuania	22	1	11	5		2
卢森堡 Luxembourg	1904	133	492	252	11	85
拉脱维亚 Latvia	56	2	11	2		
摩洛哥 Morocco	13	2	43	1		1
摩纳哥 Monaco	154	3	21	15		1
摩尔多瓦 Moldova	4		2			
马达加斯加 Madagascar	3			1		
马绍尔群岛 Marshall Islands	12	3				

（续表 cont'd）

国家和地区 Country and Region	总累计 Accumulated Number			2016年 Year 2016		
	发明 Invention	实用新型 Utility Model	外观设计 Design	发明 Invention	实用新型 Utility Model	外观设计 Design
马其顿 Macedonia	2					
马里 Mali	50	8	13	11	2	7
缅甸 Myanmar			4			
蒙古 Mongolia	4	1				
马耳他 Malta	185	9	18	36	2	6
毛里求斯 Mauritius	90	33	36	4		2
马尔代夫 Maldives	2					
马拉维 Malawi	2					
墨西哥 Mexican	432	17	236	27		7
马来西亚 Malaysia	872	185	637	57	22	32
纳米比亚 Namibia	2					
尼日尔 Niger	1					
尼日利亚 Nigeria	4	3	12			2
荷兰 Netherlands	50 036	579	4822	3155	92	304
挪威 Norway	3401	45	373	194	8	21
尼泊尔 Nepal		2	1			
新西兰 New Zealand	1590	92	407	143	24	65
阿曼 Oman	3					

（续表 cont'd）

国家和地区 Country and Region	总累计 Accumulated Number			2016年 Year 2016		
	发明 Invention	实用新型 Utility Model	外观设计 Design	发明 Invention	实用新型 Utility Model	外观设计 Design
巴拿马 Panama	278	10	41	3	2	2
秘鲁 Peru	16	2		4		
巴布亚新几内亚 Papua New Guinea			2			
菲律宾 Philippines	82	34	43	8	6	9
巴基斯坦 Pakistan	13	3	15	1		4
波兰 Poland	550	21	177	57	2	23
波多黎各 Puerto Rico	20	1	3	2		
葡萄牙 Portugal	290	4	87	46		9
巴拉圭 Paraguay	1		3			2
卡塔尔 Qatar	18		4	5		
罗马尼亚 Romania	36	2	6	4		
塞尔维亚 Serbia	13					
俄罗斯联邦 Russia	2249	246	281	135	26	38
沙特阿拉伯 Saudi Arabia	843	10	390	191		82
塞舌尔 Seychelles	154	50	37	39	9	
苏丹 Sudan	2					
瑞典 Sweden	26 546	497	3241	1919	58	484
新加坡 Singapore	5599	721	1289	769	267	67

（续表 cont'd）

国家和地区 Country and Region	总累计 Accumulated Number			2016年 Year 2016		
	发明 Invention	实用新型 Utility Model	外观设计 Design	发明 Invention	实用新型 Utility Model	外观设计 Design
斯洛文尼亚 Slovenia	308	1	63	25		15
斯洛伐克 Slovakia	80	3	45	8		7
圣马力诺 San Marino	17	3	2	3		
塞内加尔 Senegal	1		1			
萨尔瓦多 El Salvador	2					
叙利亚 Syria	2	1	3			
斯威士兰 Swaziland	1					
特克斯和凯科斯群岛 Turks and Caicos Islands			1			
乍得 Chad	1	1				
泰国 Thailand	291	104	349	46	4	20
突尼斯 Tunisia	17		2	1		
土耳其 Turkey	675	83	488	80	8	29
特立尼达和多巴哥 Trinidad and Tobago	4		1			
中国台湾 Taiwan of China						
坦桑尼亚 Tanzania		1	1			
乌克兰 Ukraine	130	24	16	9		4
乌干达 Uganda			2			
美国 U.S.A.	417 641	14 768	42 179	35 895	2070	3771

（续表 cont'd）

国家和地区 Country and Region	总累计 Accumulated Number			2016年 Year 2016		
	发明 Invention	实用新型 Utility Model	外观设计 Design	发明 Invention	实用新型 Utility Model	外观设计 Design
乌拉圭 Uruguay	28	3		4		
乌兹别克斯坦 Uzbekistan	10	1		1		
梵蒂冈 Vatican	2					
圣文森特和格林纳丁斯 St.Vincent and the Grenadines	9					
委内瑞拉 Venezuela	54		10			1
英属维尔京群岛 British Virgin Islands	2206	661	1559	211	46	139
越南 Viet Nam	23	5	85	3	1	40
瓦努阿图 Vanuatu	11		1			
萨摩亚 Samoa	159	117	53	34	19	2
也门 Yemen			7			2
南斯拉夫 Yugoslavia	31		8			
南非 South Africa	1327	35	126	61	4	9
赞比亚 Zambia	4	1		1		
津巴布韦 Zimbabwe	8		1	1		

表4 国内外三种专利申请授权年度状况（1985.12~2016.12）（单位：件）

Distribution of Annual Grants for Three Kinds of Patents Received from Home and Abroad（1985.12–2016.12）（unit：piece）

	年份 Year	合计 Total	发明 Invention	实用新型 Utility Model	外观设计 Design
合计 Total	1985~2011	4 857 872	893 866	2 121 216	1 842 790
	2012	1 255 138	217 105	571 175	466 858
	2013	1 313 000	207 688	692 845	412 467
	2014	1 302 687	233 228	707 883	361 576
	2015	1 718 192	359 316	876 217	482 659
	2016	1 753 763	404 208	903 420	446 135
国内 Domestic	1985~2011	4 268 333	448 481	2 104 551	1 715 301
	2012	1 163 226	143 847	566 750	452 629
	2013	1 228 413	143 535	686 208	398 670
	2014	1 209 402	162 680	699 971	346 751
	2015	1 596 977	263 436	868 734	464 807
	2016	1 628 881	302 136	897 035	429 710
国外 Foreign	1985~2011	589 826	445 385	16 911	127 530
	2012	91 912	73 258	4425	14 229
	2013	84 587	64 153	6637	13 797
	2014	93 285	70 548	7912	14 825
	2015	121 215	95 880	7483	17 852
	2016	124 882	102 072	6385	16 425

表5 国内三种专利申请授权量（1985.12～2016.12） （单位：件）
Distribution of Grants for Three Kinds of Patents Received from Home（1985.12–2016.12） （unit：piece）

地区 Region	总累计 Accumulated Number			2016年 Year 2016		
	发明 Invention	实用新型 Utility Model	外观设计 Design	发明 Invention	实用新型 Utility Model	外观设计 Design
全国合计 Total	146 4115	5 823 249	3 807 868	302 136	897 035	429 710
北京 Beijing	207 375	319 818	84 702	40 602	44 719	15 267
天津 Tianjin	32 190	158 195	31 681	5185	31 044	3502
河北 Hebei	21 071	132 894	41 969	4247	19 789	7817
山西 Shanxi	14 307	49 335	11 976	2411	6399	1119
内蒙古 Inner Mongolia	5008	26 504	8919	871	3977	994
辽宁 Liaoning	41 580	179 308	31 499	6731	15 506	2858
吉林 Jilin	15 424	51 822	11 694	2428	6175	1388
黑龙江 Heilongjiang	24 073	103 224	31 296	4345	11 723	1994
上海 Shanghai	110 195	277 434	160 910	20 086	34 100	10 042
江苏 Jiangsu	165 448	721 817	910 866	40 952	117 816	72 254
浙江 Zhejiang	116 896	761 123	713 379	26 576	123 821	71 137
安徽 Anhui	45 023	225 939	73 335	15 292	38 833	6919
福建 Fujian	28 456	188 339	128 581	7170	42 114	17 862
江西 Jiangxi	9225	69 172	40 897	1914	17 951	11 618
山东 Shandong	84 776	511 097	119 506	19 404	66 067	12 621

（续表 cont'd）

地区 Region	总累计 Accumulated Number			2016年 Year 2016		
	发明 Invention	实用新型 Utility Model	外观设计 Design	发明 Invention	实用新型 Utility Model	外观设计 Design
河南 Henan	30 759	196 488	60 289	6811	32 195	10 137
湖北 Hubei	41 992	169 814	46 990	8517	27 201	6096
湖南 Hunan	36 178	138 871	59 444	6967	18 454	8631
广东 Guangdong	200 036	696 505	810 468	38 626	118 153	102 249
广西 Guangxi	16 051	47 399	19 168	5159	6537	3164
重庆 Chongqing	21 825	136 887	60 458	5044	30 424	7266
四川 Sichuan	46 954	199 530	169 255	10 350	31 841	20 282
贵州 Guizhou	8757	38 696	22 139	2036	6524	1864
云南 Yunnan	12 901	44 988	17 455	2125	8061	1844
西藏 Tibet	320	579	921	33	154	58
陕西 Shaanxi	38 206	111 063	51 081	7503	17 077	23 868
甘肃 Gansu	7289	28 596	7192	1308	5081	1592
青海 Qinghai	1159	3945	2142	271	884	203
宁夏 Ningxia	2170	9150	3174	560	1900	170
新疆 Xinjiang	4927	33 735	10 552	910	4824	1378
海南 Hainan	2877	6674	4275	383	1171	385
香港 Hong Kong	4745	10 364	26 192	630	747	1593
澳门 Macao	107	258	354	25	29	125

（续表 cont'd）

地区 Region	总累计 Accumulated Number			2016年 Year 2016		
	发明 Invention	实用新型 Utility Model	外观设计 Design	发明 Invention	实用新型 Utility Model	外观设计 Design
台湾 Taiwan	65 815	173 686	35 109	6664	5744	1413
广州 Guangzhou	38 322	116 238	114 485	7669	22 955	17 765
长春 Changchun	11 252	26 019	5408	1980	4265	813
武汉 Wuhan	33 017	92 120	20 232	6514	13 971	2476
南京 Nanjing	43 988	84 901	36 954	8705	15 696	4468
杭州 Hangzhou	48 527	156 653	102 754	8666	21 805	10 672
西安 Xi'an	32 831	81 022	36 649	6686	12 332	19 249
济南 Jinan	20 573	83 807	11 810	4503	9621	1342
沈阳 Shenyang	16 878	56 446	12 545	2853	5715	959
成都 Chengdu	31 910	120 198	129 911	7190	19 142	14 812
大连 Dalian	13 729	50 381	7317	2309	3928	546
厦门 Xiamen	8603	42 428	25 170	2028	6752	3338
哈尔滨 Harbin	19 387	51 423	14 918	3695	7450	1135
深圳 Shenzhen	111 460	207 796	158 580	17 665	34 307	23 035
青岛 Qingdao	22 219	80 750	25 853	6561	13 159	2328
宁波 Ningbo	23 176	155 226	182 831	5669	18 199	16 930
新疆建设兵团 Xinjiang Bingtuan	653	3384	298	170	808	74

表6 国外三种专利申请授权量（1985.12~2016.12） （单位：件）

Distribution of Grants for Three Kinds of Patents Received from Abroad（1985.12–2016.12） （unit：piece）

国家和地区 Country and Region	总累计 Accumulated Number			2016年 Year 2016		
	发明 Invention	实用新型 Utility Model	外观设计 Design	发明 Invention	实用新型 Utility Model	外观设计 Design
合计 Total	851 295	49 507	204 604	102 072	6385	16 425
安道尔 Andorra	5	1	2			
阿联酋 United Arab Emirates	28	16	164	4		11
阿富汗 Afghanistan			10			
安提瓜和巴布达 Antigua and Barbuda	4		3			
安圭拉 Anguilla		2				
阿尔巴尼亚 Albania						
亚美尼亚 Armenia	4		1	2		
荷属安的列斯群岛 Netherlands Antilles	211	1	9	4		
安哥拉 Angola			1			
阿根廷 Argentina	39	11	16	6	1	1
美属萨摩亚 American Samoa	1	1				
奥地利 Austria	4434	237	822	769	28	58
澳大利亚 Australia	4852	466	2588	479	50	153
阿塞拜疆 Azerbaijan	2					
波斯尼亚和黑塞哥维那 Bosnia and Herzegovina			1			1
巴巴多斯 Barbados	552	11	74	127	7	22
孟加拉国 Bangladesh		1	3			
比利时 Belgium	4281	123	681	556	27	45

（续表 cont'd）

国家和地区 Country and Region	总累计 Accumulated Number			2016年 Year 2016		
	发明 Invention	实用新型 Utility Model	外观设计 Design	发明 Invention	实用新型 Utility Model	外观设计 Design
保加利亚 Bulgaria	32	5	26	5		3
巴林岛 Bahrain	1					
贝宁 Benin			1			
百慕大群岛 Bermuda	402	106	104	35	1	1
文莱 Brunei	25	33	28	1		
巴西 Brazil	652	83	456	84	8	27
巴哈马 Bahamas	126	19	48	16		1
白俄罗斯 Belarus	8		6			
伯利兹 Belize	3	50	12		3	
加拿大 Canada	6634	421	1417	798	33	77
刚果民主共和国 Democratic Republic of the Congo			7			7
中非 Central African			2			
瑞士 Switzerland	22 702	1188	7382	2847	194	893
科特迪瓦 Ivory Coast			1			1
库克群岛 Cook Islands	4	1	15			
智利 Chile	67	5	4	11		
喀麦隆 Cameroon	1					
哥伦比亚 Colombia	26	3	12	2		
哥斯达黎加 Costa Rica	1		1			
捷克斯洛伐克 Czechoslovakia	23	6	3			

（续表 cont'd）

国家和地区 Country and Region	总累计 Accumulated Number			2016年 Year 2016		
	发明 Invention	实用新型 Utility Model	外观设计 Design	发明 Invention	实用新型 Utility Model	外观设计 Design
古巴 Cuba	101		2	4		
塞浦路斯 Cyprus	129	18	58	20	5	9
捷克 Czech	173	79	706	22	4	63
德国 Germany	83 176	4386	17 373	12 593	604	1388
丹麦 Denmark	5030	245	1826	654	33	117
多米尼加 Dominican	5	2				
阿尔及利亚 Algeria	1	1	2			
厄瓜多尔 Ecuador	3	1	5			
爱沙尼亚 Estonia	19	3	19	3		3
埃及 Egypt	7	7	21	2	1	
西班牙 Spain	1867	221	1797	253	21	104
埃塞俄比亚 Ethiopia		1	1			
芬兰 Finland	8543	407	1704	892	55	89
斐济 Fiji		8	1			
福克兰群岛（马尔维纳斯群岛） Falkland Islands			1			
法国 France	31 909	1502	8541	3889	247	808
加蓬 Gabon	2					
英国 U.K.	14 241	831	5656	1566	83	573
格鲁吉亚 Georgia	2		7			4
直布罗陀 Gibraltar	20	1	4	2		1

（续表 cont'd）

国家和地区 Country and Region	总累计 Accumulated Number			2016年 Year 2016		
	发明 Invention	实用新型 Utility Model	外观设计 Design	发明 Invention	实用新型 Utility Model	外观设计 Design
希腊 Greece	114	2	65	6	1	15
危地马拉 Guatemala			6			5
洪都拉斯 Honduras			1			
克罗地亚 Croatia	57	5	6	2		1
海地 Haiti			1			
匈牙利 Hungary	396	19	27	20	3	1
印度尼西亚 Indonesia	33	18	131	3		4
爱尔兰 Ireland	1058	54	207	189	4	11
以色列 Israel	2549	236	638	430	28	61
印度 India	1188	52	382	196	6	32
伊拉克 Iraq		3	4		1	1
伊朗 Iran	5	4	22	1	1	5
冰岛 Iceland	134	1	1	12	1	
意大利 Italy	10 886	672	6908	1265	141	527
泽西岛 Jersey Island	5					
牙买加 Jamaica	2			2		
约旦 Jordan	5	5	9	3		2
日本 Japan	336 436	18 182	70 216	34 967	2052	3552
肯尼亚 Kenya	1		1			
吉尔吉斯斯坦 Kyrgyzstan	4			1		

（续表 cont'd）

国家和地区 Country and Region	总累计 Accumulated Number			2016年 Year 2016		
	发明 Invention	实用新型 Utility Model	外观设计 Design	发明 Invention	实用新型 Utility Model	外观设计 Design
圣基茨和尼维斯 Saint Kitts and Nevis	1	1				
朝鲜 D.P.R.K.	11	4		2		
韩国 Korea	64 711	3560	20 873	7410	580	2682
科威特 Kuwait	6		3			1
开曼群岛 Cayman Islands	1562	284	1267	514	26	429
哈萨克斯坦 Kazakhstan	14	8				
黎巴嫩 Lebanon	6	8	5	1	1	
列支敦士登 Liechtenstein	749	11	587	111	5	37
斯里兰卡 Sri Lanka	7	2	24			
利比里亚 Liberia	2.		1			
莱索托 Lesotho		1				
立陶宛 Lithuania	3	1	9			1
卢森堡 Luxembourg	978	115	428	165	13	80
拉脱维亚 Latvia	27	3	11	1		1
摩洛哥 Morocco	8	2	43			1
摩纳哥 Monaco	65	9	20	3	1	
摩尔多瓦 Moldova	1		1			
马达加斯加 Madagascar	2					
马绍尔群岛 Marshall Islands	3	3		1		
马其顿 Macedonia	1			1		

（续表 cont'd）

国家和地区 Country and Region	总累计 Accumulated Number			2016年 Year 2016		
	发明 Invention	实用新型 Utility Model	外观设计 Design	发明 Invention	实用新型 Utility Model	外观设计 Design
马里 Mali	4	6	7	1	3	3
缅甸 Myanmar			4			
蒙古 Mongolia	5	2	1	1		
马耳他 Malta	84	9	10	21	8	4
毛里求斯 Mauritius	67	28	42	7		4
马尔代夫 Maldives	1					
墨西哥 Mexican	227	12	198	22	2	14
马来西亚 Malaysia	341	157	584	47	15	30
纳米比亚 Namibia	1					
尼日利亚 Nigeria		2	12			1
荷兰 Netherlands	25 377	482	4460	2551	81	267
挪威 Norway	1849	35	330	196	6	17
尼泊尔 Nepal		2	1			
新西兰 New Zealand	644	68	344	83	14	42
阿曼 Oman	1					
巴拿马 Panama	227	9	40	1	3	4
秘鲁 Peru	3	2				
巴布亚新几内亚 Papua New Guinea			2			1
菲律宾 Philippines	30	31	29	7	10	1
巴基斯坦 Pakistan	3	3	11	1	1	2

（续表 cont'd）

国家和地区 Country and Region	总累计 Accumulated Number			2016年 Year 2016		
	发明 Invention	实用新型 Utility Model	外观设计 Design	发明 Invention	实用新型 Utility Model	外观设计 Design
波兰 Poland	217	22	150	48	3	15
波多黎各 Puerto Rico	3	1	3			
葡萄牙 Portugal	108	3	69	17		7
巴拉圭 Paraguay			1			
卡塔尔 Qatar	4		4	3		
罗马尼亚 Romania	14	2	7	2		
塞尔维亚 Serbia	6	1		2		
俄罗斯 Russia	872	241	245	102	17	31
沙特阿拉伯 Saudi Arabia	317	11	362	113		64
塞舌尔 Seychelles	53	38	37	19	11	6
瑞典 Sweden	14 568	438	2830	1516	45	252
新加坡 Singapore	2223	489	1207	400	117	68
斯洛文尼亚 Slovenia	160	1	52	16		8
斯洛伐克 Slovakia	35	3	42	6		9
圣马力诺 San Marino	5	3	2			
塞内加尔 Senegal			1			
萨尔瓦多 El Salvador	2					
叙利亚 Syria	1	1	3			
斯威士兰 Swaziland	1					
特克斯和凯科斯群岛 Turks and Caicos Islands			1			

（续表 cont'd）

国家和地区 Country and Region	总累计 Accumulated Number			2016年 Year 2016		
	发明 Invention	实用新型 Utility Model	外观设计 Design	发明 Invention	实用新型 Utility Model	外观设计 Design
乍得 Chad		1			1	
泰国 Thailand	101	84	315	17	3	17
突尼斯 Tunisia	1		2			
土耳其 Turkey	339	69	458	82	2	49
特立尼达和多巴哥 Trinidad and Tobago	3		2			1
坦桑尼亚 Tanzania		1	1			
乌克兰 Ukraine	57	21	14	7	1	4
乌干达 Uganda			2			
美国 U.S.A.	190 047	12 742	37 617	25 637	1719	3461
乌拉圭 Uruguay	12	1	1	1		
乌兹别克斯坦 Uzbekistan	5	1				
圣文森特和格林纳丁斯 St.Vincent and the Grenadines	9			1		
委内瑞拉 Venezuela	40		8			1
英属维尔京群岛 British Virgin Islands	1142	575	1351	138	41	107
越南 Viet Nam	9	4	47	2	1	12
瓦努阿图 Vanuatu	5					
萨摩亚 Samoa	28	109	52	3	12	2
也门 Yemen			6			2
南斯拉夫 Yugoslavia	17		7			
南非 South Africa	646	28	115	50		10
赞比亚 Zambia		1				
津巴布韦 Zimbabwe	3		1			

表7 国内外三种专利有效状况（2016.12） （单位：件）

Distribution of Patents in Force for Three Kinds Received from Home and Abroad（2016.12） （unit：piece）

	年份 Year	合计 Total	发明 Invention	实用新型 Utility Model	外观设计 Design
合计 Total	2012	3 508 561	875 385	1 501 044	1 132 132
	2013	4 195 139	1 033 908	1 936 789	1 224 442
	2014	4 642 506	1 196 497	2 291 326	1 154 683
	2015	5 477 625	1 472 374	2 732 554	1 272 697
	2016	6 285 238	1 772 203	3 154 485	1 358 550
国内 Domestic	2012	3 005 023	473 187	1 486 839	1 044 997
	2013	3 635 929	586 493	1 917 122	1 132 314
	2014	4 032 362	708 690	2 265 224	1 058 448
	2015	4792356	921 757	2 700 833	1 169 766
	2016	5 527 183	1 158 203	3 118 410	1 250 570
国外 Foreign	2012	503 538	402 198	14 205	87 135
	2013	559 210	447 415	19 667	92 128
	2014	610 144	487 807	26 102	96 235
	2015	685 269	550 617	31 721	102 931
	2016	758 055	614 000	36 075	107 980

*有效量：报告期末处于专利权维持状态的案卷数量。统计范围为：发明、实用新型、外观设计。与申请量和授权量不同，有效量是存量数据而非流量数据。

表8 国内三种专利有效量（2016.12） （单位：件）

Distribution of Patents in Force for Three Kinds Received from Home（2016.12）

（unit：piece）

地区 Region	2016年 Year 2016			
	合计 Total	发 明 Invention	实用新型 Utility Model	外观设计 Design
全国总计 Total	5 527 183	1 158 203	3 118 410	1 250 570
北京 Beijing	417 666	166 722	203 533	47 411
天津 Tianjin	124 443	22 663	89 667	12 113
河北 Hebei	105 490	15 755	68 809	20 926
山西 Shanxi	38 702	9896	24 638	4168
内蒙古 Inner Mongolia	20 007	3734	12936	3337
辽宁 Liaoning	101 657	27 915	63 929	9813
吉林 Jilin	34 101	9255	20 395	4451
黑龙江 Heilongjiang	61 245	16 137	38 405	6703
上海 Shanghai	285 877	85 049	160 744	40 084
江苏 Jiangsu	740 215	146 859	419 226	174 130
浙江 Zhejiang	732 438	91 373	410 069	230 996
安徽 Anhui	188 240	39 104	126 067	23 069
福建 Fujian	197 393	23 793	118 556	55 044
江西 Jiangxi	73 745	6896	42 845	24 004
山东 Shandong	312 937	62 005	208 963	41 969

（续表 cont'd）

地区 Region	2016年 Year 2016			
	合计 Total	发明 Invention	实用新型 Utility Model	外观设计 Design
河南 Henan	148 862	22 601	100 870	25 391
湖北 Hubei	143 802	31 567	94 161	18 074
湖南 Hunan	122 584	27 863	70 435	24 286
广东 Guangdong	940 138	168 480	443 368	328 290
广西 Guangxi	45 928	14 222	23 297	8409
重庆 Chongqing	116 201	16 737	76 390	23 074
四川 Sichuan	193 737	36 815	105 859	51 063
贵州 Guizhou	37 562	7019	22 725	7818
云南 Yunnan	40 583	9011	25 196	6376
西藏 Tibet	989	394	292	303
陕西 Shaanxi	116 270	27 599	55 903	32 768
甘肃 Gansu	22 593	5022	14 398	3173
青海 Qinghai	3962	904	2247	811
宁夏 Ningxia	7220	1680	4935	605
新疆 Xinjiang	24 531	3762	16165	4604
海南 Hainan	7366	2394	3693	1279
香港 Hong Kong	15 815	4626	4017	7172
澳门 Macao	511	90	141	280

（续表 cont'd）

地区 Region	2016年 Year 2016			
	合计 Total	发 明 Invention	实用新型 Utility Model	外观设计 Design
台湾 Taiwan	104 373	50 261	45 536	8576
广州 Guangzhou	156 488	30 305	74 664	51 519
长春 Changchun	23 427	6960	13 821	2646
武汉 Wuhan	84 576	24 460	52 001	8115
南京 Nanjing	102 454	33 458	55 887	13 109
杭州 Hangzhou	157 097	36 579	85 384	35 134
西安 Xi'an	92 362	24 368	43 055	24 939
济南 Jinan	54 015	14 628	34 158	5229
沈阳 Shenyang	35 222	11 108	20 653	3461
成都 Chengdu	122 951	25 198	64 161	33 592
大连 Dalian	28 933	9625	17050	2258
厦门 Xiamen	47 788	7291	28 288	12 209
哈尔滨 Harbin	40 240	13 372	23 098	3770
深圳 Shenzhen	314 978	95 370	142 125	77 483
青岛 Qingdao	70 631	18 290	42 186	10 155
宁波 Ningbo	148 940	18 227	75 945	54 768
新疆建设兵团 Xinjiang Bingtuan	2937	570	2195	172

表9 国外三种专利有效量（2016.12） （单位：件）

Distribution of Patents in Force for Three Kinds Received from Abroad（2016.12）

（unit：piece）

国家和地区 Country and Region	2016年 Year 2016			
	合计 Total	发明 Invention	实用新型 Utility Model	外观设计 Design
合计 Total	758 055	614 000	36 075	107 980
安道尔 Andorra	7	5	1	1
阿联酋 United Arab Emirates	89	30	12	47
阿富汗 Afghanistan	3			3
安提瓜和巴布达 Antigua and Barbuda	7	4		3
安圭拉 Anguilla	1		1	
亚美尼亚 Armenia	3	2		1
荷属安的列斯群岛 Netherlands Antilles	59	58	1	
安哥拉 Angola	1			1
阿根廷 Argentina	37	28	4	5
美属萨摩亚 American Samoa	4	1	2	1
奥地利 Austria	4045	3364	193	488
澳大利亚 Australia	4113	2644	249	1220
阿塞拜疆 Azerbaijan	2	2		
波斯尼亚和黑赛哥维那 Bosnia and Herzegovina	2	1		1
巴巴多斯 Barbados	663	569	9	85

（续表 cont'd）

国家和地区 Country and Region	2016年 Year 2016			
	合计 Total	发明 Invention	实用新型 Utility Model	外观设计 Design
孟加拉国 Bangladesh	2		1	1
比利时 Belgium	3733	3210	112	411
保加利亚 Bulgaria	32	21	3	8
巴林 Bahrain	3	3		
百慕大群岛 Bermuda	421	272	64	85
文莱 Brunei	29	15	11	3
巴西 Brazil	779	438	56	285
巴哈马 Bahamas	115	104	1	10
伯利兹 Belize	44	4	31	9
加拿大 Canada	5884	4709	227	948
刚果民主共和国 Democratic Republic of the Congo	13			13
瑞士 Switzerland	22 151	16 696	1160	4295
科特迪瓦 Ivory Coast	1			1
库克群岛 Cook Islands	19	3	1	15
智利 Chile	60	57	2	1
喀麦隆 Cameroon	1	1		
哥伦比亚 Colombia	23	17	2	4
哥斯达黎加 Costa Rica	1			1

（续表 cont'd）

国家和地区 Country and Region	2016年 Year 2016			
	合计 Total	发明 Invention	实用新型 Utility Model	外观设计 Design
古巴 Cuba	72	72		
库拉索 Curacao	1	1		
塞浦路斯 Cyprus	113	74	12	27
捷克 Czech	536	114	50	372
德国 Germany	77 055	62 203	3677	11 175
丹麦 Denmark	4838	3751	156	931
多米尼加 Dominican	2	2		
阿尔及利亚 Algeria	3	1		2
厄瓜多尔 Ecuador	7	3		4
爱沙尼亚 Estonia	28	17	1	10
埃及 Egypt	13	5	1	7
西班牙 Spain	2140	1221	106	813
埃塞俄比亚 Ethiopia	2		1	1
芬兰 Finland	7286	6067	348	871
法国 France	28 687	22 954	1298	4435
英国 U.K.	12 252	8685	524	3043
格鲁吉亚 Georgia	5	1		4
直布罗陀 Gibraltar	23	19	1	3

（续表 cont'd）

国家和地区 Country and Region	2016年 Year 2016			
	合计 Total	发明 Invention	实用新型 Utility Model	外观设计 Design
希腊 Greece	126	73	1	52
危地马拉 Guatemala	6			6
克罗地亚 Croatia	11	9	1	1
匈牙利 Hungary	174	148	9	17
印度尼西亚 Indonesia	62	19	6	37
爱尔兰 Ireland	1145	1036	36	73
以色列 Israel	2424	1842	203	379
马恩岛 Isle of Man	1	1		
印度 India	1043	872	34	137
伊拉克 Iraq	6		4	2
伊朗 Iran	23	3	1	19
冰岛 Iceland	90	88	1	1
意大利 Italy	11 329	7506	446	3377
泽西岛 Jersey Island	3	3		
牙买加 Jamaica	2	2		
约旦 Jordan	8	3		5
日本 Japan	285 255	238 910	13 584	32 761
肯尼亚 Kenya	1	1		

（续表 cont'd）

国家和地区 Country and Region	2016年 Year 2016			
	合计 Total	发明 Invention	实用新型 Utility Model	外观设计 Design
吉尔吉斯斯坦 Kyrgyzstan	1	1		
圣基茨和尼维斯 Saint Kitts and Nevis	2	2		
朝鲜 D.P.R.K.	6	4	2	
韩国 Korea	61 667	47 090	1966	12 611
科威特 Kuwait	4	2		2
开曼群岛 Cayman Islands	3308	1998	245	1065
哈萨克斯坦 Kazakhstan	14	10	4	
黎巴嫩 Lebanon	11	4	2	5
圣卢西亚 Saint Lucia	1	1		
列支敦士登 Liechtenstein	691	481	7	203
斯里兰卡 Sri Lanka	5	4		1
立陶宛 Lithuania	12	2	2	8
卢森堡 Luxembourg	1543	1133	83	327
拉脱维亚 Latvia	25	18	1	6
摩洛哥 Morocco	45	8		37
摩纳哥 Monaco	43	35	2	6
摩尔多瓦 Moldova	1			1
马达加斯加 Madagascar	2	2		

（续表 cont'd）

国家和地区 Country and Region	2016年 Year 2016			
	合计 Total	发明 Invention	实用新型 Utility Model	外观设计 Design
马绍尔群岛 Marshall Islands	5	3	2	
马其顿 Macedonia	1	1		
马里 Mali	15	3	5	7
缅甸 Myanmar	4			4
蒙古 Mongolia	2	2		
马耳他 Malta	113	97	9	7
毛里求斯 Mauritius	132	119	3	10
墨西哥 Mexican	364	242	6	116
马来西亚 Malaysia	603	250	74	279
尼日利亚 Nigeria	4			4
荷兰 Netherlands	18 782	16 146	406	2230
挪威 Norway	1393	1185	34	174
尼泊尔 Nepal	3		2	1
新西兰 New Zealand	683	430	43	210
阿曼 Oman				
巴拿马 Panama	150	115	5	30
秘鲁 Peru	4	2	2	
巴布亚新几内亚 Papua New Guinea	2			2

（续表 cont'd）

国家和地区 Country and Region	2016年 Year 2016			
	合计 Total	发明 Invention	实用新型 Utility Model	外观设计 Design
菲律宾 Philippines	86	60	12	14
巴基斯坦 Pakistan	11	3	3	5
波兰 Poland	273	162	13	98
波多黎各 Puerto Rico	6	3	1	2
葡萄牙 Portugal	119	85	1	33
卡塔尔 Qatar	9	5		4
罗马尼亚 Romania	7	4	2	1
塞尔维亚 Serbia	5	5		
俄罗斯 Russia	687	445	121	121
沙特阿拉伯 Saudi Arabia	444	292	6	146
塞舌尔 Seychelles	129	55	43	31
瑞典 Sweden	12 475	10 396	335	1744
新加坡 Singapore	2921	2037	309	575
斯洛文尼亚 Slovenia	123	101		22
斯洛伐克 Slovakia	41	19	1	21
圣马力诺 San Marino				
萨尔瓦多 El Salvador	2	2		
叙利亚 Syria	1			1

（续表 cont'd）

国家和地区 Country and Region	2016年 Year 2016			
	合计 Total	发明 Invention	实用新型 Utility Model	外观设计 Design
乍得 Chad	1		1	
泰国 Thailand	228	72	21	135
突尼斯 Tunisia	1	1		
土耳其 Turkey	590	299	33	258
特立尼达和多巴哥 Trinidad and Tobago	4	3		1
乌克兰 Ukraine	48	25	11	12
美国 U.S.A.	170 211	140 947	9134	20 130
乌拉圭 Uruguay	6	6		
乌兹别克斯坦 Uzbekistan	3	3		
圣文森特和格林纳丁斯 St.Vincent and the Grenadines	2	2		
委内瑞拉 Venezuela	25	23		2
英属维尔京群岛 British Virgin Islands	1983	972	359	652
越南 Viet Nam	35	9	1	25
萨摩亚 Samoa	325	190	105	30
也门 Yemen	3			3
南斯拉夫 Yugoslavia	2	2		
南非 South Africa	488	418	13	57
赞比亚 Zambia	1		1	

表10 国际申请业务进展统计表（1985.4~2016.12） （单位：件）
Statistics of PCT International Applications（1985.4–2016.12）（unit：piece）

项目 Item	总累计 Accumulated Number	2016年 Year 2016
收到国际申请 International Applications Received	208 105	44 992
进入中国国内阶段的国际申请（发明） International Applications Entering Chinese National Phase （Invention）	924 843	81 055
进入中国国内阶段的国际申请（实用新型） International Applications Entering Chinese National Phase （Utility Model）	5462	871

二、专利行政执法

表11 2016年各地区管理专利工作的部门专利执法统计表 （单位：件）
Statistics of Patent Enforcement of the Administrative Authorities for Patent Affairs in 2016 （unit：piece）

地区 Region	类别 Type / 时间 Year	侵权纠纷 Infringement Dispute		其他纠纷 Other Dispute		查处假冒专利案件 Punishment of Counterfeit Patent Case
		立案 Entertained	结案 Closed	立案 Entertained	结案 Closed	结案 Closed
合计 Total	总累计 Accumulated	67 267	60 969	4458	3857	100 136
	2016	20 351	19 682	508	468	28 057
北京 Beijing	总累计 Accumulated	1031	887	225	221	1768
	2016	244	229	0	0	598
天津 Tianjin	总累计 Accumulated	431	392	36	33	1670
	2016	102	90	0	0	459
河北 Hebei	总累计 Accumulated	1706	1567	178	183	1943
	2016	640	636	36	36	390
山西 Shanxi	总累计 Accumulated	128	87	60	41	191
	2016	12	5	8	3	68
内蒙古 Inner Mongolia	总累计 Accumulated	160	143	11	11	2172
	2016	14	10	0	0	343
辽宁 Liaoning	总累计 Accumulated	704	673	233	200	2347
	2016	242	234	3	3	626
吉林 Jilin	总累计 Accumulated	351	341	60	52	291
	2016	54	54	0	0	25
黑龙江 Heilongjiang	总累计 Accumulated	906	857	437	407	1066
	2016	236	239	128	129	290
上海 Shanghai	总累计 Accumulated	1127	1069	81	81	375
	2016	198	198	2	2	57

（续表 cont'd）

地区 Region	类别 Type / 时间 Year	侵权纠纷 Infringement Dispute		其他纠纷 Other Dispute		查处假冒专利案件 Punishment of Counterfeit Patent Case
		立案 Entertained	结案 Closed	立案 Entertained	结案 Closed	结案 Closed
江苏 Jiangsu	总累计 Accumulated	3981	3393	422	411	16 729
	2016	1226	1131	86	86	5078
浙江 Zhejiang	总累计 Accumulated	23 810	23 400	538	466	2848
	2016	10 135	10 107	0	0	1389
安徽 Anhui	总累计 Accumulated	1237	1040	53	46	2269
	2016	520	483	15	16	646
福建 Fujian	总累计 Accumulated	1065	887	61	59	3966
	2016	169	174	5	4	1257
江西 Jiangxi	总累计 Accumulated	742	571	40	27	1731
	2016	186	171	0	0	394
山东 Shandong	总累计 Accumulated	3643	3082	204	194	13 850
	2016	475	469	4	3	2947
河南 Henan	总累计 Accumulated	2756	2074	196	141	4830
	2016	671	583	33	31	1352
湖北 Hubei	总累计 Accumulated	1778	1490	233	180	5010
	2016	495	475	1	2	1620
湖南 Hunan	总累计 Accumulated	1942	1628	464	422	13 318
	2016	554	534	27	25	3036
广东 Guangdong	总累计 Accumulated	13 326	11 932	290	230	5022
	2016	2734	2608	74	41	1230
广西 Guangxi	总累计 Accumulated	235	201	55	38	1284
	2016	34	32	0	0	522
海南 Hainan	总累计 Accumulated	106	92	12	11	399
	2016	10	3	0	1	107

（续表 cont'd）

地区 Region	类别 Type / 时间 Year	侵权纠纷 Infringement Dispute		其他纠纷 Other Dispute		查处假冒专利案件 Punishment of Counterfeit Patent Case
		立案 Entertained	结案 Closed	立案 Entertained	结案 Closed	结案 Closed
重庆 Chongqing	总累计 Accumulated	831	788	198	89	691
	2016	286	284	47	46	237
四川 Sichuan	总累计 Accumulated	1989	1704	196	171	3178
	2016	644	492	37	37	738
贵州 Guizhou	总累计 Accumulated	322	233	25	21	5885
	2016	67	33	0	0	2730
云南 Yunnan	总累计 Accumulated	399	339	29	22	1047
	2016	31	35	0	0	263
西藏 Tibet	总累计 Accumulated	11	9	0	0	10
	2016	0	0	0	0	0
陕西 Shaanxi	总累计 Accumulated	652	526	39	36	2568
	2016	152	157	2	3	596
甘肃 Gansu	总累计 Accumulated	352	247	25	18	1103
	2016	40	29	0	0	443
青海 Qinghai	总累计 Accumulated	46	30	9	10	67
	2016	10	4	0	0	0
宁夏 Ningxia	总累计 Accumulated	264	249	27	18	155
	2016	56	56	0	0	5
新疆 Xinjiang	总累计 Accumulated	1236	1038	21	18	2353
	2016	114	127	0	0	611

三、中国专利金奖

表12　中国专利金奖分布统计表　　（单位：件）
Statistics of Distribution of China Patent Gold Awards（unit：piece）

地区 Region	合计 Total	第十八届 the 18th
合计 Total	272	20
北京 Beijing	69	4
天津 Tianjin	6	0
河北 Hebei	5	0
辽宁 Liaoning	12	1
吉林 Jilin	2	0
黑龙江 Heilongjiang	4	1
上海 Shanghai	17	1
江苏 Jiangsu	18	1
浙江 Zhejiang	8	1
安徽 Anhui	6	0
福建 Fujian	2	0
江西 Jiangxi	1	0
山东 Shandong	15	0

（续表 cont'd）

地区 Region	合计 Total	第十八届 the 18th
河南 Henan	7	0
湖北 Hubei	9	1
湖南 Hunan	13	3
广东 Guangdong	40	4
广西 Guangxi	1	0
海南 Hainan	4	0
重庆 Chongqing	5	0
四川 Sichuan	6	1
贵州 Guizhou	2	0
云南 Yunnan	3	0
陕西 Shaanxi	14	2
甘肃 Gansu	1	0
青海 Qinghai	1	0
宁夏 Ningxia	1	0

（本统计数据由国家知识产权局规划发展司提供）

Ⅱ

商　标

一、商标申请与注册

表1　2016年度商标申请与注册概况表　（单位：件）

Statistics of Trademark Applications and Registrations in 2016　（unit：piece）

<table>
<tr><th>项目
Item</th><th>国内
Domestic</th><th>国际
International</th><th>马德里
Madrid</th><th>合计
Total</th></tr>
<tr><td>注册申请
Applications Filed for Registration</td><td>3 526 827</td><td>112 347</td><td>52 191</td><td>3 691 365</td></tr>
<tr><td>异议申请
Applications Filed for Opposition</td><td>32 034</td><td>24 989</td><td>251</td><td>57 274</td></tr>
<tr><td>续展申请
Applications Filed for Renewal</td><td>103 822</td><td>17 438</td><td>9709</td><td>130 969</td></tr>
<tr><td>变更申请
Modification Applications</td><td>186 542</td><td>28 285</td><td>7774</td><td>222 601</td></tr>
<tr><td>转让申请
Assignment Applications</td><td>147 542</td><td>12 274</td><td>4898</td><td>164 714</td></tr>
<tr><td>注销申请
Annulment Applications</td><td colspan="2">7494</td><td rowspan="2">9640</td><td rowspan="2">48 631</td></tr>
<tr><td>撤销申请
Cancellation Applications</td><td colspan="2">31 497</td></tr>
<tr><td>许可备案申请
Applications for Record of License</td><td colspan="3">16 262</td><td>16 262</td></tr>
<tr><td>注册商标
Registrations Approved</td><td>2 119 032</td><td>97 497</td><td>38 416</td><td>2 254 945</td></tr>
<tr><td>审定商标
Trademarks Preliminarily Approved</td><td colspan="2">1 773 645</td><td>18 967</td><td>1 792 612</td></tr>
<tr><td>核驳商标
Trademarks Refused</td><td colspan="2">645 889</td><td rowspan="2">45 491</td><td rowspan="2">1 206 907</td></tr>
<tr><td>部分核驳商标
Trademarks Partly Refused</td><td colspan="2">515 527</td></tr>
<tr><td>异议裁定量
Dissent Ruling</td><td colspan="3">48 850</td><td>48 850</td></tr>
<tr><td>变更注册商标
Registered Trademarks Modified</td><td colspan="2">192 529</td><td>6228</td><td>198 757</td></tr>
</table>

（续表 cont'd）

<table>
<tr><th>项目
Item</th><th>国内
Domestic</th><th>国际
International</th><th>马德里
Madrid</th><th>合计
Total</th></tr>
<tr><td>转让注册商标
Registered Trademarks Assigned</td><td colspan="2">163 676</td><td>5259</td><td>168 935</td></tr>
<tr><td>续展注册商标
Registered Trademarks Renewed</td><td colspan="2">131 311</td><td>8549</td><td>139 860</td></tr>
<tr><td>注销注册商标
Registered Trademarks Annulled</td><td colspan="2">12 999</td><td rowspan="2">7174</td><td rowspan="2">39 689</td></tr>
<tr><td>撤销注册商标
Registered Trademarks Cancelled</td><td colspan="2">19 516</td></tr>
<tr><td>许可合同备案办理
Rccordal of License Contract Handled</td><td colspan="2">18 211</td><td></td><td>18 211</td></tr>
<tr><td>补发商标注册证
Replacement of Registration Certificates</td><td colspan="2">13 748</td><td></td><td>13 748</td></tr>
<tr><td>国内企业马德里商标国际注册申请
Madrid Trademark International Registration of Domestic Enterprise</td><td colspan="4">3014</td></tr>
<tr><td>国内企业马德里商标国际变更续展等
International Modification or Renewal of Madrid Trademark of Domestic Enterprise</td><td colspan="4">987</td></tr>
</table>

表2　2016年度各省、自治区、直辖市商标申请与注册统计表　　（单位：件）

Statistics of Domestic Trademark Applications and Registrations in 2016

（by Province / Autonomous Region/Municipality）　　（unit：piece）

省、自治区、直辖市 Region	申请件数 Applications	注册件数 Registrations	有效注册量 Registrations Effected
北京 Beijing	372 387	213 587	893 743
天津 Tianjin	34 933	22 504	134 145
河北 Hebei	96 475	55 139	291 122
山西 Shanxi	25 980	15 127	90 605
内蒙古 Inner Mongolia	28 847	17 121	95 854
辽宁 Liaoning	59 860	36 150	211 146
吉林 Jilin	30 794	19 948	104 732
黑龙江 Heilongjiang	42 109	24 615	135 656
上海 Shanghai	257 616	158 380	697 251
江苏 Jiangsu	209 900	125 314	743 670
浙江 Zhejiang	327 572	193 348	1 315 742
安徽 Anhui	88 042	47 643	239 666
福建 Fujian	175 392	102 858	616 693
江西 Jiangxi	57 838	31 563	162 765
山东 Shandong	184 490	109 047	592 018
河南 Henan	129 946	74 276	356 106
湖北 Hubei	79 095	47 821	238 734

（续表 cont'd）

省、自治区、直辖市 Region	申请件数 Applications	注册件数 Registrations	有效注册量 Registrations Effected
湖南 Hunan	87 800	52 348	257 429
广东 Guangdong	689 434	410 207	2 043 798
广西 Guangxi	35 229	19 616	103 135
海南 Hainan	13 454	8637	50 078
重庆 Chongqing	67 024	45 777	240 519
四川 Sichuan	126 300	73 986	392 055
贵州 Guizhou	33 404	17 904	89 633
云南 Yunnan	54 969	37 991	173 703
西藏 Tibet	4388	2572	8797
陕西 Shaanxi	59 416	36 041	202 095
甘肃 Gansu	17 958	7580	41 430
青海 Qinghai	6716	3303	18 537
宁夏 Ningxia	9439	5932	25 546
新疆 Xinjiang	34 136	19 648	101 062
香港 Hong Kong	65 837	65 743	329 482
澳门 Macao	818	829	4231
台湾 Taiwan	19 229	16 477	142 297
合计 Total	3 526 827	2 119 032	11 143 475

注：1.由于不予受理件未电子化，以上各省数据的申请量不含不予受理量。

2.申请件数、注册件数指2015.12.16至2016.12.15的商标统计情况，其他指截至2016.12.15的统计情况。

表3　2016年度外国（地区）在华商标申请统计表　　　（单位：件）

Statistics of Foreign（Region）Trademark Applications in China in 2016（unit：piece）

外国（地区） Foreign（Region）	外国（地区）申请件数 Foreign（Region）Applications	马德里申请件数 Madrid Applications	合计 Total
阿尔巴尼亚 Albania	2	2	4
阿尔及利亚 Algeria	8	0	8
阿富汗 Afghanistan	33	0	33
阿根廷 Argentina	118	2	120
阿联酋 United Arab Emirates	565	33	598
阿曼 Oman	13	0	13
阿塞拜疆 Azerbaijan	27	0	27
埃及 Egypt	167	18	185
埃塞俄比亚 Ethiopia	3	0	3
爱尔兰 Ireland	184	170	354
爱沙尼亚 Estonia	26	83	109
安道尔 Andorra	5	7	12
安哥拉 Angola	4	0	4
安圭拉 Anguilla	67	0	67
奥地利 Austria	253	1052	1305
澳大利亚 Australia	4200	1730	5930
巴巴多斯 Barbados	73	0	73

（续表 cont'd）

外国（地区） Foreign（Region）	外国（地区）申请件数 Foreign（Region）Applications	马德里申请件数 Madrid Applications	合计 Total
巴布亚新几内亚 Papua New Guinea	1	0	1
巴哈马 Bahamas	96	23	119
巴基斯坦 Pakistan	108	0	108
巴拉圭 Paraguay	6	0	6
巴勒斯坦 Palestine	5	0	5
巴林 Bahrain	5	3	8
巴拿马 Panama	52	10	62
巴西 Brazil	382	3	385
白俄罗斯 Belarus	8	47	55
百慕大群岛 Bermuda	220	8	228
保加利亚 Bulgaria	47	104	151
北马里亚纳群岛 Northern Mariana Islands	2	0	2
贝宁 Benin	5	0	5
比利时 Belgium	434	694	1128
冰岛 Iceland	22	46	68
波黑 Bosnia and Herzegovina	3	2	5
波兰 Poland	372	367	739
玻利维亚 Bolivia	14	0	14

（续表 cont'd）

外国（地区） Foreign（Region）	外国（地区）申请件数 Foreign（Region）Applications	马德里申请件数 Madrid Applications	合计 Total
伯利兹 Belize	35	6	41
朝鲜 D.P.R.K.	27	19	46
丹麦 Denmark	890	737	1627
德国 Germany	4844	9682	14 526
多哥 Togo	1	0	1
多米尼加 Dominican	21	2	23
俄罗斯 Russia	460	988	1448
厄瓜多尔 Ecuador	30	0	30
法国 France	3187	5557	8744
菲律宾 Philippines	194	17	211
斐济 Fiji	5	15	20
芬兰 Finland	422	1170	1592
刚果民主共和国 Democratic Republic of the Congo	1	6	7
哥伦比亚 Colombia	108	13	121
哥斯达黎加 Costa Rica	5	0	5
格鲁吉亚 Georgia	11	21	32
英属根西岛 Guernsey	3	6	9
古巴 Cuba	16	1	17

（续表 cont'd）

外国（地区） Foreign（Region）	外国（地区）申请件数 Foreign（Region）Applications	马德里申请件数 Madrid Applications	合计 Total
圭亚那 Guyana	1	0	1
哈萨克斯坦 Kazakhstan	20	42	62
海地 Haiti	4	0	4
韩国 Korea	19 139	1376	20 515
荷兰 Netherlands	1483	1544	3027
荷属安的列斯群岛 Netherlands Antilles	6	0	6
洪都拉斯 Honduras	9	0	9
吉尔吉斯斯坦 Kyrgyzstan	9	1	10
几内亚 Guinea	6	0	6
加拿大 Canada	2798	32	2830
加纳 Ghana	2	0	2
柬埔寨 Cambodia	13	0	13
捷克 Czech	102	305	407
喀麦隆 Cameroon	10	0	10
卡塔尔 Qatar	26	0	26
开曼群岛 Cayman Islands	1045	5	1050
科特迪瓦 Ivory Coast	3	0	3
科威特 Kuwait	32	0	32
克罗地亚 Croatia	27	68	95

（续表 cont'd）

外国（地区） Foreign（Region）	外国（地区）申请件数 Foreign（Region）Applications	马德里申请件数 Madrid Applications	合计 Total
肯尼亚 Kenya	11	0	11
库克群岛 Cook Islands	7	0	7
库拉索 Curacao	5	3	8
拉脱维亚 Latvia	27	45	72
老挝 Laos	6	0	6
黎巴嫩 Lebanon	49	0	49
立陶宛 Lithuania	31	28	59
利比里亚 Liberia	1	0	1
利比亚 Libya	17	0	17
列支敦士登 Liechtenstein	105	42	147
卢森堡 Luxembourg	460	619	1079
卢旺达 Rwanda	2	0	2
罗马尼亚 Romania	12	50	62
马达加斯加 Madagascar	2	2	4
马恩岛 Isle of Man	125	24	149
马尔代夫 Maldives	1	0	1
马耳他 Malta	48	55	103
马拉维 Malawi	1	0	1
马来西亚 Malaysia	1545	3	1548

（续表 cont'd）

外国（地区） Foreign（Region）	外国（地区）申请件数 Foreign（Region）Applications	马德里申请件数 Madrid Applications	合计 Total
马里 Mali	7	0	7
马其顿 Macedonia	0	26	26
马绍尔群岛 Marshall Islands	133	0	133
毛里求斯 Mauritius	34	0	34
毛里塔尼亚 Mauritania	8	0	8
美国 U.S.A.	28 868	5809	34 677
蒙古 Mongolia	13	0	13
蒙特塞拉特 Montsert	1	0	1
孟加拉国 Bangladesh	36	0	36
秘鲁 Peru	42	0	42
缅甸 Myanmar	53	0	53
摩尔多瓦 Moldova	9	12	21
摩洛哥 Morocco	5	33	38
摩纳哥 Monaco	18	129	147
墨西哥 Mexican	435	14	449
南非 South Africa	211	0	211
尼泊尔 Nepal	20	0	20
尼日尔 Niger	1	0	1
尼日利亚 Nigeria	30	0	30

（续表 cont'd）

外国（地区） Foreign（Region）	外国（地区）申请件数 Foreign（Region）Applications	马德里申请件数 Madrid Applications	合计 Total
挪威 Norway	145	296	441
帕劳 Palau	1	0	1
葡萄牙 Portugal	131	206	337
日本 Japan	11 709	2710	14 419
瑞典 Sweden	824	950	1774
瑞士 Switzerland	2112	3308	5420
萨尔瓦多 El Salvador	8	0	8
萨摩亚 Samoa	115	0	115
塞尔维亚 Serbia	10	30	40
塞内加尔 Senegal	5	0	5
塞浦路斯 Cyprus	110	124	234
塞舌尔 Seychelles	733	1	734
沙特阿拉伯 Saudi Arabia	105	0	105
圣卢西亚 Saint Lucia	4	0	4
圣马力诺 San Marino	2	5	7
圣文森特和格林纳丁斯 St.Vincent and the Grenadines	1	0	1
斯里兰卡 Sri Lanka	35	0	35
斯洛伐克 Slovakia	15	81	96
斯洛文尼亚 Slovenia	20	117	137

（续表 cont'd）

外国（地区） Foreign（Region）	外国（地区）申请件数 Foreign（Region）Applications	马德里申请件数 Madrid Applications	合计 Total
苏丹 Sudan	3	0	3
所罗门群岛 Solomon Islands	3	0	3
塔吉克斯坦 Tajikistan	1	0	1
泰国 Thailand	1222	7	1229
坦桑尼亚 Tanzania	12	0	12
特克斯和凯科斯群岛 Turks and Caicos Islands	1	0	1
特立尼达和多巴哥 Trinidad and Tobago	15	0	15
突尼斯 Tunisia	11	3	14
土耳其 Turkey	227	559	786
土库曼斯坦 Turkmenistan	10	0	10
瓦努阿图 Vanuatu	42	0	42
危地马拉 Guatemala	11	0	11
委内瑞拉 Venezuela	42	4	46
文莱 Brunei	40	0	40
乌干达 Uganda	7	0	7
乌克兰 Ukraine	44	136	180
乌拉圭 Uruguay	17	0	17
乌兹别克斯坦 Uzbekistan	6	4	10

（续表 cont'd）

外国（地区） Foreign（Region）	外国（地区）申请件数 Foreign（Region）Applications	马德里申请件数 Madrid Applications	合计 Total
西班牙 Spain	1206	980	2186
希腊 Greece	83	85	168
新加坡 Singapore	2572	452	3024
新西兰 New Zealand	1183	444	1627
匈牙利 Hungary	36	70	106
叙利亚 Syria	55	0	55
牙买加 Jamaica	6	0	6
亚美尼亚 Armenia	5	3	8
也门 Yemen	101	0	101
伊拉克 Iraq	118	0	118
伊朗 Iran	280	61	341
以色列 Israel	325	178	503
意大利 Italy	2448	3967	6415
印度 India	301	88	389
印度尼西亚 Indonesia	183	0	183
英国 U.K.	7254	4164	11 418
英吉利海峡群岛 English Channel Islands	33	0	33
英属维尔京群岛 British Virgin Islands	2716	131	2847
约旦 Jordan	53	0	53

（续表 cont'd）

外国（地区） Foreign（Region）	外国（地区）申请件数 Foreign（Region）Applications	马德里申请件数 Madrid Applications	合计 Total
越南 Viet Nam	211	91	302
赞比亚 Zambia	4	0	4
泽西岛 Jersey Island	15	13	28
乍得 Chad	2	0	2
直布罗陀 Gibraltar	1	5	6
智利 Chile	453	1	454
合计 Total	112 347	52 191	164 538

Ⅱ

表4　2016年度外国（地区）在华商标注册统计表　　　（单位：件）

Statistics of Foreign（Region）Trademark Registrations in China in 2016（unit：piece）

外国（地区） Foreign（Region）	外国（地区）注册件数 Foreign（Region） Registrations	马德里注册件数 Madrid Registrations	合计 Total
阿尔及利亚 Algeria	11	0	11
阿富汗 Afghanistan	18	0	18
阿根廷 Argentina	96	3	99
阿联酋 United Arab Emirates	341	27	368
阿曼 Oman	4	0	4
阿塞拜疆 Azerbaijan	12	3	15
埃及 Egypt	56	9	65
爱尔兰 Ireland	266	93	359
爱沙尼亚 Estonia	16	17	33
安道尔 Andorra	1	0	1
安哥拉 Angola	1	0	1
安圭拉 Anguilla	17	0	17
奥地利 Austria	225	683	908
澳大利亚 Australia	2415	931	3346
巴巴多斯 Barbados	95	2	97
巴布亚新几内亚 Papua New Guinea	4	0	4
巴哈马 Bahamas	48	1	49

（续表 cont'd）

外国（地区） Foreign（Region）	外国（地区）注册件数 Foreign（Region）Registrations	马德里注册件数 Madrid Registrations	合计 Total
巴基斯坦 Pakistan	54	0	54
巴拉圭 Paraguay	1	0	1
巴勒斯坦 Palestine	1	0	1
巴林 Bahrain	14	0	14
巴拿马 Panama	45	12	57
巴西 Brazil	528	2	530
白俄罗斯 Belarus	13	71	84
百慕大群岛 Bermuda	152	2	154
保加利亚 Bulgaria	45	119	164
贝宁 Benin	6	0	6
比利时 Belgium	298	673	971
冰岛 Iceland	15	23	38
波兰 Poland	201	352	553
玻利维亚 Bolivia	7	0	7
伯利兹 Belize	54	26	80
朝鲜 D.P.R.K.	5	19	24
丹麦 Denmark	832	324	1156
德国 Germany	4153	7238	11 391
多哥 Togo	2	0	2

（续表 cont'd）

外国（地区）Foreign（Region）	外国（地区）注册件数 Foreign（Region）Registrations	马德里注册件数 Madrid Registrations	合计 Total
多米尼加 Dominican	27	0	27
俄罗斯 Russia	473	915	1388
厄瓜多尔 Ecuador	17	0	17
法国 France	3271	5586	8857
菲律宾 Philippines	207	5	212
斐济 Fiji	4	0	4
芬兰 Finland	560	496	1056
冈比亚 Gambia	3	0	3
刚果民主共和国 Democratic Republic of the Congo	9	0	9
哥伦比亚 Colombia	59	7	66
哥斯达黎加 Costa Rica	5	0	5
格鲁吉亚 Georgia	8	5	13
英属根西岛 Guernsey	16	8	24
古巴 Cuba	33	0	33
圭亚那 Guyana	10	0	10
哈萨克斯坦 Kazakhstan	13	12	25
海地 Haiti	20	0	20
韩国 Korea	12 698	529	13 227
荷兰 Netherlands	1150	1278	2428

（续表 cont'd）

外国（地区） Foreign（Region）	外国（地区）注册件数 Foreign（Region）Registrations	马德里注册件数 Madrid Registrations	合计 Total
荷属安的列斯群岛 Netherlands Antilles	7	0	7
黑山 Montenegro	0	3	3
吉布提 Djibouti	2	0	2
吉尔吉斯斯坦 Kyrgyzstan	6	0	6
几内亚 Guinea	4	8	12
加拿大 Canada	1880	33	1913
加纳 Ghana	6	0	6
柬埔寨 Cambodia	52	0	52
捷克 Czech	78	235	313
津巴布韦 Zimbabwe	1	0	1
喀麦隆 Cameroon	3	4	7
卡塔尔 Qatar	60	0	60
开曼群岛 Cayman Islands	3887	3	3890
科特迪瓦 Ivory Coast	4	0	4
科威特 Kuwait	28	0	28
克罗地亚 Croatia	10	48	58
肯尼亚 Kenya	22	2	24
库克群岛 Cook Islands	8	0	8
库拉索 Curacao	6	15	21

（续表 cont'd）

外国（地区） Foreign（Region）	外国（地区）注册件数 Foreign（Region） Registrations	马德里注册件数 Madrid Registrations	合计 Total
拉脱维亚 Latvia	15	27	42
老挝 Laos	6	0	6
黎巴嫩 Lebanon	40	3	43
立陶宛 Lithuania	4	17	21
利比亚 Libya	10	0	10
列支敦士登 Liechtenstein	294	72	366
卢森堡 Luxembourg	454	484	938
罗马尼亚 Romania	27	31	58
马达加斯加 Madagascar	1	1	2
马恩岛 Isle of Man	163	0	163
马耳他 Malta	128	31	159
马来西亚 Malaysia	858	3	861
马里 Mali	5	0	5
马其顿 Macedonia	0	9	9
马绍尔群岛 Marshall Islands	183	0	183
毛里求斯 Mauritius	39	0	39
毛里塔尼亚 Mauritania	1	0	1
美国 U.S.A.	25 727	3187	28 914
蒙古 Mongolia	11	0	11

（续表 cont'd）

外国（地区） Foreign（Region）	外国（地区）注册件数 Foreign（Region） Registrations	马德里注册件数 Madrid Registrations	合计 Total
孟加拉国 Bangladesh	18	0	18
秘鲁 Peru	36	0	36
缅甸 Myanmar	72	0	72
摩尔多瓦 Moldova	3	9	12
摩洛哥 Morocco	15	20	35
摩纳哥 Monaco	64	81	145
莫桑比克 Mozambique	3	0	3
墨西哥 Mexican	326	37	363
纳米比亚 Namibia	3	0	3
南非 South Africa	169	0	169
尼泊尔 Nepal	4	0	4
尼日尔 Niger	1	0	1
尼日利亚 Nigeria	28	0	28
挪威 Norway	106	192	298
葡萄牙 Portugal	138	115	253
日本 Japan	11 403	2002	13 405
瑞典 Sweden	711	469	1180
瑞士 Switzerland	1688	3515	5203
萨尔瓦多 El Salvador	1	0	1

（续表 cont'd）

外国（地区） Foreign（Region）	外国（地区）注册件数 Foreign（Region）Registrations	马德里注册件数 Madrid Registrations	合计 Total
萨摩亚 Samoa	301	0	301
塞尔维亚 Serbia	3	25	28
塞拉利昂 Sierra Leone	1	0	1
塞浦路斯 Cyprus	81	136	217
塞舌尔 Seychelles	340	2	342
沙特阿拉伯 Saudi Arabia	84	0	84
圣基茨和尼维斯 Saint Kitts and Nevis	2	0	2
圣卢西亚 Saint Lucia	2	1	3
圣马力诺 San Marino	6	12	18
斯里兰卡 Sri Lanka	24	0	24
斯洛伐克 Slovakia	12	66	78
斯洛文尼亚 Slovenia	11	93	104
苏丹 Sudan	11	0	11
塔吉克斯坦 Tajikistan	2	0	2
泰国 Thailand	825	0	825
坦桑尼亚 Tanzania	11	0	11
特立尼达和多巴哥 Trinidad and Tobago	37	0	37
突尼斯 Tunisia	17	8	25
土尔耳 Tuerer	175	491	666

（续表 cont'd）

外国（地区） Foreign（Region）	外国（地区）注册件数 Foreign（Region） Registrations	马德里注册件数 Madrid Registrations	合计 Total
瓦努阿图 Vanuatu	14	0	14
危地马拉 Guatemala	6	0	6
委内瑞拉 Venezuela	29	0	29
文莱 Brunei	58	0	58
乌克兰 Ukraine	22	142	164
乌拉圭 Uruguay	40	0	40
乌兹别克斯坦 Uzbekistan	13	3	16
西班牙 Spain	984	999	1983
希腊 Greece	64	39	103
新加坡 Singapore	1973	232	2205
新西兰 New Zealand	861	161	1022
匈牙利 Hungary	24	94	118
叙利亚 Syria	35	0	35
牙买加 Jamaica	10	0	10
亚美尼亚 Armenia	3	7	10
也门 Yemen	30	0	30
伊拉克 Iraq	91	0	91
伊朗 Iran	152	56	208
以色列 Israel	338	116	454

（续表 cont'd）

外国（地区） Foreign（Region）	外国（地区）注册件数 Foreign（Region） Registrations	马德里注册件数 Madrid Registrations	合计 Total
意大利 Italy	2272	3126	5398
印度 India	286	55	341
印度尼西亚 Indonesia	301	0	301
英国 U.K.	6140	2161	8301
英属维尔京群岛 British Virgin Islands	3712	199	3911
约旦 Jordan	75	0	75
越南 Viet Nam	167	59	226
赞比亚 Zambia	2	0	2
泽西岛 Jersey Island	15	0	15
直布罗陀 Gibraltar	29	6	35
智利 Chile	352	0	352
合计 Total	97 497	38 416	135 913

表5 2016年度按类申请和注册商标统计表 （单位：件）

Statistics of Trademark Applications and Registrations by Class in 2016

（unit：piece）

类别 Type	申请 Applications				注册 Registrations			
	国内 Domestic	国际 International	马德里 Madrid	合计 Total	国内 Domestic	国际 International	马德里 Madrid	合计 Total
1	44 934	1741	1200	47 875	30 195	1565	981	32 741
2	21 832	578	339	22 749	13 908	560	256	14 724
3	115 638	9185	2254	127 077	78 779	6550	1564	86 893
4	19 316	708	457	20 481	11 809	729	338	12 876
5	118 663	5781	2311	126 755	67 726	4454	1678	73 858
6	47 473	1420	881	49 774	32 417	1422	695	34 534
7	68 979	2788	1751	73 518	49 241	2820	1513	53 574
8	21 455	1173	515	23 143	12 986	1080	431	14 497
9	222 568	8926	5435	236 929	137 413	8546	3684	149 643
10	47 511	2455	1423	51 389	25 107	1978	962	28 047
11	97 135	2958	1431	101 524	66 872	2678	1034	70 584
12	53 137	1923	1116	56 176	35 161	1893	734	37 788
13	4962	186	60	5208	3065	151	56	3272
14	55 803	2162	1038	59 003	35 934	1907	838	38 679
15	11 196	369	141	11 706	6154	338	79	6571
16	68 817	3228	1508	73 553	39 136	3182	1225	43 543
17	19 872	961	599	21 432	13 809	807	497	15 113
18	53 198	3446	1551	58 195	35 955	3111	1200	40 266
19	46 078	754	515	47 347	31 658	735	456	32 849
20	78 409	2010	1044	81 463	51 882	1700	784	54 366
21	64 199	2772	1041	68 012	40 330	2438	811	43 579
22	11 050	427	196	11 673	7216	402	175	7793

（续表 cont'd）

类别 Type	申请 Applications				注册 Registrations			
	国内 Domestic	国际 International	马德里 Madrid	合计 Total	国内 Domestic	国际 International	马德里 Madrid	合计 Total
23	7037	231	87	7355	4368	173	82	4623
24	40 124	1582	785	42 491	27 738	1521	593	29 852
25	250 464	6815	2707	259 986	153 977	5820	1705	161 502
26	15 688	668	257	16 613	9592	583	199	10 374
27	16 434	503	280	17 217	10 935	514	201	11 650
28	57 397	2987	1236	61 620	34 763	2650	874	38 287
29	162 929	3660	1042	167 631	97 448	2919	824	101 191
30	212 609	5442	1464	219 515	130 412	3993	1149	135 554
31	100 695	1361	499	102 555	64 020	1017	367	65 404
32	74 200	3077	868	78 145	40 945	2359	649	43 953
33	77 604	2779	1114	81 497	40 716	2368	698	43 782
34	10 350	563	208	11 121	7342	495	190	8027
35	386 632	7886	3460	397 978	204 679	6650	2182	213 511
36	76 582	1512	754	78 848	41 686	1562	597	43 845
37	45 635	1162	1160	47 957	30 503	1165	980	32 648
38	59 484	1269	981	61 734	32 330	1223	748	34 301
39	51 702	1073	667	53 442	31 725	1128	566	33 419
40	27 395	776	640	28 811	17 693	655	572	18 920
41	155 563	4494	2080	162 137	74 539	3921	1534	79 994
42	147 835	3442	3055	154 332	88 374	3064	2138	93 576
43	160 287	2787	789	163 863	92 843	2510	582	95 935
44	61 710	1594	754	64 058	34 007	1272	573	35 852
45	36 246	733	498	37 477	21 644	889	422	22 955
合计	3 526 827	112 347	52 191	3 691 365	2 119 032	97 497	38 416	2 254 945

注：由于不予受理件未电子化，以上数据不含不予受理量。

表6　1979~2016年商标注册申请及核准注册商标统计表　（单位：件）
Statistics of Trademark Applications and Registrations Approved，1979–2016
（unit：piece）

	申请 Applications				核准注册 Registrations Approved			
年度 Year	国内 Domestic	国际 International	马德里 Madrid	合计 Total	国内 Domestic	国际 International	马德里 Madrid	合计 Total
1979	0	0	0	0	27 459	5130	0	32 589
1980	26 177	0	0	26 177	15 348	1297	0	16 645
1981	23 004	0	0	23 004	15 707	2049	0	17 756
1982	17 000	1565	0	18 565	12 385	4672	0	17 057
1983	19120	1687	0	20 807	4293	2278	0	6571
1984	26 487	3077	0	29 564	13 252	1518	0	14 770
1985	43 445	5798	0	49 243	19 584	2084	0	21 668
1986	45 031	5939	0	50 970	26 993	5126	0	32 119
1987	40 014	4055	0	44 069	27 687	4454	0	32 141
1988	41 683	5866	0	47 549	25 448	3604	0	29 052
1989	43 202	5209	0	48 411	31 810	4625	0	36 435
1990	50 853	4371	2048	57 272	25 966	4036	1269	31 271
1991	59 124	5885	2595	67 604	34 501	3523	2306	40 330
1992	79 837	8367	2591	90 795	42 710	4198	1180	48 088
1993	107 758	21 014	3551	132 323	42 668	3999	2059	48 726
1994	117 186	20 238	5193	142 617	47 482	7803	3016	58 301
1995	144 610	21 442	6094	172 146	59 895	12 591	19 380	91 866
1996	122 057	22 615	7132	151 804	101 178	15 843	11 407	128 428

（续表 cont'd）

	申请 Applications				核准注册 Registrations Approved			
年度 Year	国内 Domestic	国际 International	马德里 Madrid	合计 Total	国内 Domestic	国际 International	马德里 Madrid	合计 Total
1997	118 577	21 676	8502	148 755	188 047	24 958	10 033	223 038
1998	129 394	18 252	10 037	157 683	80 095	14 137	13 478	107 710
1999	140 620	18 883	11 212	170 715	96 139	13 896	12 366	122 401
2000	181 717	24 623	16 837	223 177	129 441	16 327	12 807	158 575
2001	229 775	23 234	17 408	270 417	167 563	19 017	16 259	202 839
2002	321 034	37 221	13 681	371 936	169 904	23 364	19 265	212 533
2003	405 620	33 912	12 563	452 095	206 070	21 188	15 253	242 511
2004	527 591	44 938	15 396	587 925	225 394	25 069	16 156	266 619
2005	593 382	52 166	18 469	664 017	218 731	23 792	16 009	258 532
2006	669 276	56 840	40 203	766 319	228 814	25 254	21 573	275 641
2007	604 952	59 714	43 282	707 948	215 161	19 159	29 158	263 478
2008	590 525	60 704	46 890	698 119	342 498	31 870	29 101	403 469
2009	741 763	51 966	36 748	830 477	73 7228	68 471	31 944	837 643
2010	973 460	67 838	30 889	1 072 187	1 211 428	108 510	29 299	1 349 237
2011	1 273 827	95 831	47 127	1 416 785	926 330	66 074	30 294	1 022 698
2012	1 502 540	97 190	48 586	1 648 316	919 951	58 656	26 290	1 004 897
2013	1 733 361	95 177	53 008	1 881 546	909 541	59 496	27 687	996 724
2014	2 139 973	93 284	52 101	2 285 358	1 242 840	86 394	45 870	1 375 104
2015	2 699 156	116 687	60 205	2 876 048	2 077 037	99 852	49 552	2 226 441
2016	3 526 827	112 347	52 191	3 691 365	2 119 032	97 497	38 416	2 254 945
合计	20 109 958	1 319 611	664 539	22 094 108	12 985 610	991 811	531 427	14 508 848

二、商标评审案件

表7　2016年度商标评审案件统计表
Statistics of Trademark Cases Reviewed and Adjudicated in 2016

项目 Item	案件类型 Cases by Category	数量（件） Number of Cases（piece）
评审案件申请量 Applications	驳回商标注册申请复审 Review of Rejection of Trademark Applications	130 576
	无效宣告复审 Review of Invalid Announcement	15
	异议复审 Review of Adjudication on Opposition	0
	不予注册复审 Review of Rejection of Trademark Registration	1280
	撤销注册商标复审 Review of Cancellation of Registered Trademarks	4620
	无效宣告 Invalid Announcement	19 640
	合计 Total	156 131
评审案件裁决量 Adjudications	驳回商标注册申请复审 Review of Rejection of Trademark Applications	104 180
	无效宣告复审 Review of Invalid Announcement	0
	异议复审 Review of Adjudication on Opposition	818
	不予注册复审 Review of Rejection of Trademark Registration	1679
	撤销注册商标复审 Review of Cancellation of Registered Trademarks	4436
	无效宣告 Invalid Announcement	14 113
	合计 Total	125 226
参与行政诉讼 Administrative Proceedings	一审 First Instance	5345
	二审 Second Instance	2482
	再审 Retrial	197
	合计 Total	8024
行政复议 Administrative Reconsiderations	申请量 Applications	849
	结案量 Cases Concluded	855

三、商标行政执法案件

表8　2016年全国查处商标一般违法案件统计表

项目		案件总数（件）		其中：涉外案件		案值（万元）	罚没金额（万元）	其中：立案查处（件）				收缴和销毁商标标识（件）	销毁物品（件）
		合计	其中：投诉案件	小计	其中：投诉案件			小计	其中：投诉案件	处罚程度			
										罚款10万~100万元	罚款100万元以上		
合　计		3565	723	56	20	9532.11	5146.04	1493	491	75	1	46 818	4434
注册商标使用的管理	自行改变注册商标的	33	0	1	0	39.36	*	11	0	*	*	*	*
	自行改变注册商标注册人名义、地址或其他注册事项的	15	2	0	0	8.00	*	1	1	*	*	*	*
	自行转让注册商标的	39	1	0	0	29.00	*	29	0	*	*	*	*
	商品粗制滥造、以次充好、欺骗消费者的	301	28	7	1	287.71	1787.35	47	4	1	0	*	*
未注册商标使用的管理	冒充注册商标的	2408	578	45	18	8394.13	2491.09	1056	405	62	1	*	*
	商品粗制滥造、以次充好、欺骗消费者的	295	43	0	0	363.54	351.17	71	10	6	0	*	*
	违反《商标法》第6条规定的	38	1	1	0	115.85	64.00	10	7	1	0	*	*
	违反《商标法》第10条规定的	70	1	1	0	51.69	41.00	40	0	0	0	*	*
违反《商标法》第40条第2款规定的		33	0	0	0	48.89	*	3	0	*	*	2000	0
违反《商标法》第13条规定的		30	18	0	0	24.43	*	23	18	*	*	446	524
违反《商标印制管理办法》规定的		222	25	0	0	124.77	261.83	152	24	2	0	44 371	10
违法使用地理标志的		3	0	0	0	2.03	1.49	2	0	0	0	0	1000
违法使用地理标志产品专用标志的		3	0	0	0	0.89	1.60	1	0	0	0	0	0
违法使用特殊标志的		75	26	1	1	41.82	146.51	47	22	3	0	1	2900

Statistics of Common Cases of Trademark Offense Nationwide in 2016

Item		Total Number of Cases (piece)		Among:Number of Foreign-related Cases		Value (ten thousand yuan)	Fines (ten thousand yuan)	Among: Number of Cases Handled (piece)				Trademarks Reproduction Seized and Removed (piece)	Faulty Articles Destroyed (piece)
		Total	Among: Complaint Cases	Subtotal	Among: Complaint Cases			Subtotal	Among: Complaint Cases	Fines 100 000 ~ 1 000 000 yuan	Fines> 1 000 000 yuan		
Total		3565	723	56	20	9532.11	5146.04	1493	491	75	1	46 818	4434
Administration on the Use of Registered Trademarks	Altering Registered Trademark Without Approval	33	0	1	0	39.36	*	11	0	*	*	*	*
	Altering the Name, Address or Other Registered Matters Without Approval	15	2	0	0	8.00	*	1	1	*	*	*	*
	Assigning a Registered Trademark Without Approval	39	1	0	0	29.00	*	29	0	*	*	*	*
	Producing Shoddy Goods to Deceive Consumers	301	28	7	1	287.71	1787.35	47	4	1	0	*	*
Administration on the Use of Unregistered Trademarks	Passing Unregistered Trademarks off as Registered Trademarks	2408	578	45	18	8394.13	2491.09	1056	405	62	1	*	*
	Producing Shoddy Goods to Deceive Consumers	295	43	0	0	363.54	351.17	71	10	6	0	*	*
	Violating Article 6 of Trademark Law	38	1	1	0	115.85	64.00	10	7	1	0	*	*
	Violating Article 10 of Trademark Law	70	1	1	0	51.69	41.00	40	0	0	0	*	*
Violating Article 40, Paragraph 2 of Trademark Law		33	0	0	0	48.89	*	3	0	*	*	2000	0
Violating Article 13 of Trademark Law		30	18	0	0	24.43	*	23	18	*	*	446	524
Violating the Regulation on Trademark Printing		222	25	0	0	124.77	261.83	152	24	2	0	44 371	10
Illegal Use of Geographical Indications		3	0	0	0	2.03	1.49	2	0	0	0	0	1000
Illegal Use of Special Signs of Geographical Indications		3	0	0	0	0.89	1.60	1	0	0	0	0	0
Illegal Use of Special Signs		75	26	1	1	41.82	146.51	47	22	3	0	1	2900

表9 2016年全国查处商标侵权假冒案件统计表（一）

项目		案件总数（件）		其中：涉外案件		案值（万元）	罚没金额（万元）	其中：立案查处					
										处罚程度		利用互联网实施侵权假冒案件	
		合计	其中：投诉案件	小计	其中：投诉案件			小计	其中：投诉案件	罚款10万~100万元	罚款100万元以上	案件数（件）	案值（万元）
合计		28 189	9738	6214	2660	35 445.00	34 859.86	20 074	8113	707	7	361	1116.24
假冒商标	小计	4670	1747	1339	746	11 500.58	7190.26	3445	1533	173	0	76	131.99
	未经注册商标所有人的许可，在相同商品上使用与其注册商标相同的商标的	2302	809	818	464	8920.35	3593.77	1683	697	53	0	24	24.05
	伪造、擅自制造他人注册商标标识或者销售伪造、擅自制造的注册商标标识的	318	75	73	28	593.47	502.12	243	63	49	0	1	0.00
	销售明知是假冒注册商标的商品的	2050	863	448	254	1986.76	3094.37	1519	773	71	0	51	107.94
商标侵权	小计	23 519	7991	4875	1914	23 944.42	27 669.60	16 629	6580	534	7	285	984.25
	未经注册商标所有人的许可，在相同商品上使用与其注册商标近似的商标或在类似商品上使用与其注册商标相同或近似的商标的	3792	1279	956	446	6183.66	6755.92	2902	1135	112	2	75	70.58
	销售侵犯注册商标专用权的商品的	18 549	6294	3830	1438	153 74.91	18 838.26	12 952	5084	382	4	193	862.92
	在同一种或类似商品上，将与他人注册商标相同或近似的标识作为商品名称或者商品装潢使用，误导公众的	363	148	43	23	921.62	518.70	235	139	7	0	4	33.31
	故意为侵犯他人注册商标专用权行为提供仓储、运输、邮寄、隐匿便利条件的	31	4	7	1	29.38	64.50	22	1	4	0	1	2.00
	未经商标注册人同意更换其注册商标并将该更换商标的商品又投入市场的	17	6	5	0	36.71	32.93	8	4	0	0	0	0.00
	给他人注册商标专用权造成其他损害的	169	48	8	3	623.46	182.66	106	51	3	0	2	0.20
	侵犯地理标志专用权的	29	8	0	0	4.23	8.23	21	8	0	0	1	0.09
	侵犯特殊标志所有权的	21	8	0	0	210.88	396.55	16	8	1	1	4	14.98
	侵犯驰名商标权益的	548	196	26	3	559.57	871.85	367	150	25	0	5	0.17

表9 2016年全国查处商标侵权假冒案件统计表（二）

项目		没收、销毁侵权商品（件）	没收、销毁侵权商标标识（件）	没收、销毁专门用于制造侵权商品和伪造注册商标标识的工具（件）	移送司法机关					
					案件数		人数	其中：涉外案件		
					合计	其中：投诉案件		合计	其中：投诉案件	人数
合计		8 881 676	3 181 890	2065	*	*	*	*	*	*
假冒商标	小计	3 192 590	1 291 158	175	203	66	188	124	43	118
	未经注册商标所有人的许可，在相同商品上使用与其注册商标相同的商标的	2 790 897	532 690	64	95	35	82	60	21	51
	伪造、擅自制造他人注册商标标识或者销售伪造、擅自制造的注册商标标识的	29 297	739 257	75	28	8	25	11	5	11
	销售明知是假冒注册商标的商品的	372 396	19 211	36	80	23	81	53	17	56
商标侵权	小计	5 689 086	1 890 732	1890	*	*	*	*	*	*
	未经注册商标所有人的许可，在相同商品上使用与其注册商标近似的商标或在类似商品上使用与其注册商标相同或近似的商标的	3 271 973	1 145 428	74	*	*	*	*	*	*
	销售侵犯注册商标专用权的商品的	2 211 100	692 440	1805	*	*	*	*	*	*
	在同一种或类似商品上，将与他人注册商标相同或近似的标识作为商品名称或者商品装潢使用，误导公众的	133 373	24 098	0	*	*	*	*	*	*
	故意为侵犯他人注册商标专用权行为提供仓储、运输、邮寄、隐匿便利条件的	2283	350	9	*	*	*	*	*	*
	未经商标注册人同意更换其注册商标并将该更换商标的商品又投入市场的	149	370	0	*	*	*	*	*	*
	给他人注册商标专用权造成其他损害的	20 053	1419	0	*	*	*	*	*	*
	侵犯地理标志专用权的	233	8715	0	*	*	*	*	*	*
	侵犯特殊标志所有权的	560	35	0	0	0	0	0	0	0
	侵犯驰名商标权益的	49 362	17 877	2	*	*	*	*	*	*

Statistics of Trademark Infringement and Counterfeit Cases Nationwide in 2016（One）

Item		Total Number of Cases（piece）		Among:Number of Foreign-related Cases		Value（ten thousand yuan）	Fine（ten thousand yuan）	Number of Cases Handled（piece, ten thousand yuan）					
										Amounts of Fines		Cases of Infringement and Fake Through the Internet	
		Total	Among: Complaint Cases	Subtotal	Among: Complaint Cases			Subtotal	Among: Complaint Cases	Fines 100 000 ~ 1 000 000 yuan	Fines >1 000 000 yuan	Cases	Value（ten thousand yuan）
Total		28 189	9738	6214	2660	35 445.00	34 859.86	20 074	8113	707	7	361	1116.24
Trademark Counterfeiting	Subtotal	4670	1747	1339	746	11 500.58	7190.26	3445	1533	173	0	76	131.99
	Using an Identical Trademark on the Same Goods Without the Consent of the Proprietor	2302	809	818	464	8920.35	3593.77	1683	697	53	0	24	24.05
	Counterfeiting or Making Lables of a Registered Trademark of Others, or Selling Such Labels as Counterfeited or Made Without Authorization	318	75	73	28	593.47	502.12	243	63	49	0	1	0.00
	Selling Goods Bearing Counterfeited Registered Trademarks Intentionally	2050	863	448	254	1986.76	3094.37	1519	773	71	0	51	107.94
Trademark Infringements	Subtotal	23 519	7991	4875	1914	23 944.42	27 669.60	16 629	6580	534	7	285	984.25
	Using a Similar Trademark on the Same Goods, or an Identical or Similar Trademark on Similar Goods Without Authorization	3792	1279	956	446	6183.66	6755.92	2902	1135	112	2	75	70.58
	Selling Goods that Infringe the Exclusive Right of a Registered Trademark	18 549	6294	3830	1438	153 74.91	18 838.26	12 952	5084	382	4	193	862.92
	Using Identical or Similar Marks to a Registered Trademark of Others, on the Same or Similar Goods, as the Name or Decoration of the Goods	363	148	43	23	921.62	518.70	235	139	7	0	4	33.31
	Facilitating the Infringement Behaviors by Providing Storage, Transportation, Postal Service and Concealment Intentionally	31	4	7	1	29.38	64.50	22	1	4	0	1	2.00
	Changing Others' Registered Trademark Without Authorization, and Selling Goods Bearing a Replaced Trademark	17	6	5	0	36.71	32.93	8	4	0	0	0	0.00
	Causing other Damages to the Exclusive Right of a Registered Trademark of Others	169	48	8	3	623.46	182.66	106	51	3	0	2	0.20
	Infringing the Exclusive Right of Geographical Indications	29	8	0	0	4.23	8.23	21	8	0	0	1	0.09
	Infringing the Exclusive Right of Special Signs	21	8	0	0	210.88	396.55	16	8	1	1	4	14.98
	Infringing the Right of the Well-known Trademarks	548	196	26	3	559.57	871.85	367	150	25	0	5	0.17

Statistics of Trademark Infringement and Counterfeit Cases Nationwide in 2016 (Two)

	Item	Infringing Articles Seized and Destroyed (piece)	Infringing Trademark Labels Seized and Removed (piece)	Seized and Destroyed Tools Specially Used to Manufacture the Infringing Goods and Counterfeit Labels of Registered Trademarks (piece)	Cases Transferred to Judicial Organs					
					Number of Cases			Among: Number of Foreign-related Cases		
					Total	Among: Complaint Cases	Persons Transferred	Total	Among: Complaint Cases	Persons Transferred
	Total	8 881 676	3 181 890	2065	*	*	*	*	*	*
Trademark Counterfeiting	Subtotal	3 192 590	1 291 158	175	203	66	188	124	43	118
	Using an Identical Trademark on the Same Goods Without the Consent of the Proprietor	2 790 897	532 690	64	95	35	82	60	21	51
	Counterfeiting or Making Lables of a Registered Trademark of Others, or Selling Such Labels as Counterfeited or Made Without Authorization	29 297	739 257	75	28	8	25	11	5	11
	Selling Goods Bearing Counterfeited Registered Trademarks Intentionally	372 396	19 211	36	80	23	81	53	17	56
Trademark Infringements	Subtotal	5 689 086	1 890 732	1890	*	*	*	*	*	*
	Using a Similar Trademark on the Same Goods, or an Identical or Similar Trademark on Similar Goods Without Authorization	3 271 973	1 145 428	74	*	*	*	*	*	*
	Selling Goods that Infringe the Exclusive Right of a Registered Trademark	2 211 100	692 440	1805	*	*	*	*	*	*
	Using Identical or Similar Marks to a Registered Trademark of Others, on the Same or Similar Goods, as the Name or Decoration of the Goods	133 373	24 098	0	*	*	*	*	*	*
	Facilitating the Infringement Behaviors by Providing Storage, Transportation, Postal Service and Concealment Intentionally	2283	350	9	*	*	*	*	*	*
	Changing Others' Registered Trademark Without Authorization, and Selling Goods Bearing a Replaced Trademark	149	370	0	*	*	*	*	*	*
	Causing Other Damages to the Exclusive Right of a Registered Trademark of Others	20 053	1419	0	*	*	*	*	*	*
	Infringing the Exclusive Right of Geographical Indications	233	8715	0	*	*	*	*	*	*
	Infringing the Exclusive Right of Special Signs	560	35	0	0	0	0	0	0	0
	Infringing the Right of the Well-known Trademarks	49 362	17 877	2	*	*	*	*	*	*

表10　2016年全国各地区查处商标违法案件基本情况统计表
Statistics of Handling of Trademark Offenses Nationwide in 2016

地区 Region	一般违法 General Illegal				侵权假冒 Infringement and Counterfeiting			
	案件总数（件）Cases（piece）	其中：涉外案件（件）Among: Cases of Foreign-related（piece）	案值（万元）Value（ten thousand yuan）	罚款金额（万元）Fines（ten thousand yuan）	案件总数（件）Cases（piece）	其中：涉外案件（件）Among: Cases of Foreign-related（piece）	案值（万元）Value（ten thousand yuan）	罚款金额（万元）Fines（ten thousand yuan）
合计 Total	3565		9532.11	5146.04	28 189		35 445	34 859.86
北京 Beijing	7		8.7	2.82	1250		1140.28	1839.1
天津 Tianjin	35		128.15	55.97	332		419.70	441.82
河北 Hebei	225		95.00	198.09	688		505.34	863.15
山西 Shanxi	26		8.13	11.03	253		94.44	148.83
内蒙古 Inner Mongolia	48		16.46	37.60	128		154.94	807.26
辽宁 Liaoning	21		23.67	17.74	309		274.35	351.27
吉林 Jilin	20		303.26	19.67	227		510.34	272.04
黑龙江 Heilongjiang	0		0	0	184		340.77	99.03
上海 Shanghai	26		112.63	108.63	1227		575.30	719.63
江苏 Jiangsu	62		240.46	196.64	2038		3234.39	3813.85
浙江 Zhejiang	284		5575.37	355.86	3643		11 615.24	7702.41
安徽 Anhui	115		57.80	33.04	2910		1277.39	1425.56
福建 Fujian	150		110.29	104.01	1152		1387.11	2115.49
江西 Jiangxi	28		17.83	38.72	251		404.10	402.69

（续表 cont'd）

地区 Region	一般违法 General Illegal				侵权假冒 Infringement and Counterfeiting			
	案件总数（件）Cases（piece）	其中：涉外案件（件）Among: Cases of Foreign-related（piece）	案值（万元）Value（ten thousand yuan）	罚款金额（万元）Fines（ten thousand yuan）	案件总数（件）Cases（piece）	其中：涉外案件（件）Among: Cases of Foreign-related（piece）	案值（万元）Value（ten thousand yuan）	罚款金额（万元）Fines（ten thousand yuan）
山东 Shandong	105		94.43	82.47	1153		775.09	1220.01
河南 Henan	412		356.96	295.45	1627		1524.03	1413.28
湖北 Hubei	732		988.54	776.64	1843		1999.81	2231.6
湖南 Hunan	196		403.10	298.80	486		778.21	782.57
广东 Guangdong	157		424.34	178.66	4004		4228.82	4842.29
广西 Guangxi	62		84.60	209.71	696		536.48	379.19
海南 Hainan	35		37.02	26.53	162		379.54	164.37
重庆 Chongqing	37		12.62	68.70	237		292.17	414.32
四川 Sichuan	76		50.12	71.09	827		813.25	774.79
贵州 Guizhou	219		110.73	136.19	540		501.67	309.32
云南 Yunnan	56		30.28	43.92	418		413.53	321.70
西藏 Tibet	21		7.62	4.69	70		91.16	58.96
陕西 Shaanxi	182		71.14	1632.80	420		69.02	243.71
甘肃 Gansu	59		55.86	38.90	255		481.28	191.97
青海 Qinghai	19		1.41	8.20	90		41.35	38.17
宁夏 Ningxia	3		0.73	1.00	126		36.41	50.32
新疆 Xinjiang	147		104.86	92.47	643		549.49	421.16

（本统计数据由国家工商行政管理总局商标局提供）

Ⅲ

版权

表1 2016年全国版权合同登记情况统计表 （单位：份）

Statistics of Registration of Copyright Contract Nationwide in 2016

（unit：piece）

	合计 Total	图书 Book	期刊 Periodical	音像制品 Audio-visual Product	电子出版物 Electronic Publication	软件 Software	电影 Film	电视节目 Television Program	其他 Others
合计 Total	19 744	16 755	99	1790	238	686	1	2	173
中国版权保护中心 National Center of Copyright Protection	1674			1604		70			
北京 Beijing	10 281	9994	96		188	3			
天津 Tianjin	462	420			13	29			
河北 Hebei	88	85				3			
山西 Shanxi	45	45							
内蒙古 Inner Mongolia									
辽宁 Liaoning	262	262							
吉林 Jilin	141	141							
黑龙江 Heilongjiang	119	119							
上海 Shanghai	1025	861		129	35				
江苏 Jiangsu	375					375			
浙江 Zhejiang	663	480	2	57		124			
安徽 Anhui	101	98				3			
福建 Fujian	77	76				1			
江西 Jiangxi	414	414							
山东 Shandong	313	313							

（续表 cont'd）

	合计 Total	图书 Book	期刊 Periodical	音像制品 Audio-visual Product	电子出版物 Electronic Publication	软件 Software	电影 Film	电视节目 Television Program	其他 Others
河南 Henan	437	437							
湖北 Hubei	567	480				77			10
湖南 Hunan	220	218	1				1		
广东 Guangdong	423	255			2	1		2	163
广西 Guangxi	510	510							
海南 Hainan	204	204							
重庆 Chongqing	301	301							
四川 Sichuan	495	495							
贵州 Guizhou	18	18							
云南 Yunnan	150	150							
西藏 Tibet									
陕西 Shaanxi	292	292							
甘肃 Gansu	5	5							
青海 Qinghai									
宁夏 Ningxia	30	30							
新疆 Xinjiang	52	52							

表2 2016年全国作品登记分类情况统计表

Statistics of Registration of Works Nationwide by Class in 2016

（单位：份）
（unit：piece）

	合计 Total	文字 Written	口述 Oral	音乐 Musical	戏剧 Drama	曲艺 Quyi	舞蹈 Choreo-graphic	杂技 Acro-batics	美术 Fine Art	摄影 Photo-graphic	建筑 Archite-ctural	影视 Cine-mato-graphic	图形 Graph	模型 Model	其他 Others	录音 Audio Recording	录像 Video Recording
全国合计	1599 597	610 407	64	18341	317	167	147	39	414 970	483 423	541	27 865	7394	314	13 307	5448	16 853
北京 Beijing	693 421	306 643	0	12801	8	0	2	0	20 584	335 933	0	49	341	30	4161	221	12 648
天津 Tianjin	456	168	0	20	1	0	0	0	240	0	0	9	18	0	0	0	0
河北 Hebei	378	131	0	16	1	0	0	0	214	1	0	6	1	0	8	0	0
山西 Shanxi	356	57	0	221	0	0	0	0	51	2	0	20	2	3	0	0	0
内蒙古 Inner Mongolia	216	33	0	12	1	0	0	0	157	0	0	3	1	0	7	0	2
辽宁 Liaoning	8244	2962	0	70	32	1	0	0	1322	425	0	377	25	2	0	1	3027
吉林 Jilin	1430	184	1	73	0	0	0	0	763	5	0	285	59	0	60	0	0
黑龙江 Heilongjiang	657	246	0	78	0	0	0	0	328	0	0	3	2	0	0	0	0
上海 Shanghai	217 249	189 274	0	324	41	0	0	0	14 234	8277	0	3584	52	4	733	297	429
江苏 Jiangsu	181 309	25 178	25	341	10	1	18	3	82 068	65 517	5	6470	516	8	3	908	238
浙江 Zhejiang	17 784	705	0	46	0	0	0	0	15 631	978	0	45	75	0	297	2	5

（续表 cont'd）

	合计 Total	文字 Written	口述 Oral	音乐 Musical	戏剧 Drama	曲艺 Quyi	舞蹈 Choreo-graphic	杂技 Acro-batics	美术 Fine Art	摄影 Photo-graphic	建筑 Archite-ctural	影视 Cine-mato-graphic	图形 Graph	模型 Model	其他 Others	录音 Audio Recording	录像 Video Recording
安徽 Anhui	4442	3040	0	32	0	0	0	0	634	3	0	35	56	0	642	0	0
福建 Fujian	47 331	645	0	258	3	0	0	0	45 764	240	74	177	131	18	18	0	3
江西 Jiangxi	6125	1367	0	131	0	0	0	0	2310	68	0	2174	26	12	23	7	7
山东 Shandong	70 978	13 864	10	79	2	12	4	0	17 323	33 418	383	3521	2008	97	257	0	0
河南 Henan	848	212	7	6	20	3	1	2	434	0	0	82	1	0	80	0	0
湖北 Hubei	16 261	1728	2	92	4	0	0	0	8854	4120	0	1373	64	0	16	4	4
湖南 Hunan	4354	1426	0	36	0	0	0	2	2099	393	1	315	20	0	54	8	0
广东 Guangdong	35 493	8421	0	471	12	3	5	0	19 062	3437	2	463	656	4	1535	1409	13
广西 Guangxi	189	67	0	31	1	0	0	0	40	2	0	2	40	0	6	0	0
海南 Hainan	138	98	0	16	0	0	0	0	16	0	0	7	1	0	0	0	0
重庆 Chongqing	71 836	20 798	2	256	2	0	3	0	43191	4901	2	1690	229	41	267	18	436
四川 Sichuan	75 378	21 020	15	1641	75	140	97	31	25 020	24 771	70	726	1668	87	15	2	0

（续表 cont'd）

	合计 Total	文字 Written	口述 Oral	音乐 Musical	戏剧 Drama	曲艺 Quyi	舞蹈 Choreo-graphic	杂技 Acro-batics	美术 Fine Art	摄影 Photo-graphic	建筑 Archite-ctural	影视 Cine-mato-graphic	图形 Graph	模型 Model	其他 Others	录音 Audio Recording	录像 Video Recording
贵州 Guizhou	271	24	0	0	0	0	9	0	171	6	0	0	60	0	0	0	1
云南 Yunnan	163	80	0	40	0	0	0	0	43	0	0	0	0	0	0	0	0
西藏 Tibet	0	0	0	0	0	0	0	0	0	0	0	0	0	0	0	0	0
陕西 Shaanxi	2922	1092	1	15	2	5	0	0	1365	108	1	267	22	0	22	0	22
甘肃 Gansu	215	130	0	3	0	0	0	0	39	17	0	18	5	3	0	0	0
青海 Qinghai	70	10	0	0	0	0	0	0	57	0	0	1	1	0	0	1	0
宁夏 Ningxia	219	94	0	22	1	0	0	0	82	0	0	13	1	0	6	0	0
新疆 Xinjiang	936	164	0	147	0	0	0	0	518	0	0	84	23	0	0	0	0
中国版权保护中心 National Center of Copyright Protection	438 086	36 685	1	1223	101	2	8	1	115 227	269 309	3	6068	1290	5	5097	3048	18

注：中国版权保护中心作品登记438 086件，含作品登记139 928件，DCI登记298 185件。

表3 2016年版权输出地汇总表 （单位：项）
Summary of Destinations of Copyright Exported in 2016（unit：item）

	合计 Total	图书 Book	录音制品 Audio Recording	录像制品 Video Recording	电子出版物 Electronic Publication	软件 Software	电影 Film	电视节目 Television Program	其他 Others
输出版权总数 Total of Copyright Exported 版权购买者所在国家或地区名称 Country or Region of Copyright Origin	11 133	8328	201	18	1264		16	1249	57
美国 U.S.A.	1483	932			446		2	103	
英国 U.K.	353	290			5			54	4
德国 Germany	346	262			30			54	
法国 France	164	110						54	
俄罗斯 Russia	360	356	4						
加拿大 Canada	143	87						56	
新加坡 Singapore	403	184			118		2	96	3
日本 Japan	356	353					2	1	
韩国 Korea	719	576	46		93		2	2	

（续表 cont'd）

	合计 Total	图书 Book	录音制品 Audio Recording	录像制品 Video Recording	电子出版物 Electronic Publication	软件 Software	电影 Film	电视节目 Television Program	其他 Others
中国香港地区 Hong Kong, China	710	486	99		5		2	110	8
中国澳门地区 Macao, China	179	56		12			2	108	1
中国台湾地区 Taiwan of China	2110	1848	19		148		2	61	32
其他 Others	3807	2788	33	6	419		2	550	9

表4　2016年版权引进地汇总表　（单位：项）
Summary of Origins of Copyright Imported in 2016　（unit：item）

	合计 Total	图书 Book	录音制品 Audio Recording	录像制品 Video Recording	电子出版物 Electronic Publication	软件 Software	电影 Film	电视节目 Television Program	其他 Others
引进版权总数 Total of Copyright Imported									
原版权所在国家或地区名称 Country or Region of Copyright Origin	17 252	16 587	119	251	217	8	4	66	
美国 U.S.A.	5461	5201	41	174	17	2	1	25	
英国 U.K.	2966	2873	10	15	38	1	1	28	
德国 Germany	895	888	2	1	3	1			
法国 France	1100	1069	7	12	11			1	
俄罗斯 Russia	104	101		3					
加拿大 Canada	152	142	1	6	3				
新加坡 Singapore	262	260		1				1	
日本 Japan	1952	1911	8	6	25			2	
韩国 Korea	1067	1024		12	27	3		1	

（续表 cont'd）

	合计 Total	图书 Book	录音制品 Audio Recording	录像制品 Video Recording	电子出版物 Electronic Publication	软件 Software	电影 Film	电视节目 Television Program	其他 Others
中国香港地区 Hong Kong，China	248	208	26	1	12	1			
中国澳门地区 Macao，China	1	1							
中国台湾地区 Taiwan of China	979	949	15		15				
其他 Others	2065	1960	9	20	66		2	8	

表5　2016年全国版权执法情况统计表
Statistics of Copyright Law Enforcement in 2016

项目 Item	案件查处 Cases Handled 上年度数量 Numbers of Last Year	本年度数量 Numbers of This Year	同比增减（%）Year-on-year Increase or Decrease（%）	项目 Item	收缴盗版品 Pirated Product Confiscated 上年度数量 Numbers of Last Year	本年度数量（种）Numbers of This Year（type）	同比增减（%）Year-on-year Increase or Decrease（%）
行政处罚数量（件）Numbers of Administrative Punishments（piece）	3477	3065	-11.85	合计 Total	11 420 929	12 919 747	13.12
案件移送数量（件）Numbers of Transferred Cases（piece）	160	189	18.13	书刊 Book and Periodical	5 396 752	10 042 515	86.08
检查经营单位数量（个）Numbers of Business Units Checked（unit）	846 140	878 013	3.77	软件 Software	368 499	378 021	2.58
取缔违法经营单位数量（个）Numbers of Illegal Business Units Tracked Down（unit）	9340	6243	-33.16	音像制品 Audio-visual Product	3 734 808	1 953 899	-47.68
查获地下窝点数量（个）Numbers of Underground Markets Tracked Down（unit）	392	325	-17.09	电子出版物 Electronic Publication	177 506	162 048	-8.71
其中：地下光盘生产线（条）Among:Underground CD Production Line（piece）	0	1		其他 Others	1 743 364	383 264	-78.02
违法经营网站服务器（个）Illegal Operation Web Server（unit）	475	709	49.26	未分类项 Non-classified Item			
罚款金额（元）Amounts of Fine（yuan）	9 746 538	13 406 043	37.55				

（本统计数据由国家版权局版权管理司提供）

Ⅳ

集成电路布图设计

表1　2016年集成电路布图设计登记申请统计表　（单位：件）

Statistics of Applications for Registration of Layout-design of Integrated Circuits in 2016　（unit：piece）

地区 Region	申请数量 Application
合计 Total	2360
国内 Domestic	2242
东部地区 Eastern Region	1779
中部地区 Middle Region	297
西部地区 Western Region	156
东北地区 Northeast Region	2
北京 Beijing	184
天津 Tianjin	40
河北 Hebei	22
山西 Shanxi	0
内蒙古 Inner Mongolia	0
辽宁 Liaoning	2
吉林 Jilin	0
黑龙江 Heilongjiang	0
上海 Shanghai	531
江苏 Jiangsu	287
浙江 Zhejiang	125
安徽 Anhui	225
福建 Fujian	63
江西 Jiangxi	6
山东 Shandong	23

（续表 cont'd）

地区 Region	申请数量 Application
河南 Henan	1
湖北 Hubei	37
湖南 Hunan	28
广东 Guangdong	504
广西 Guangxi	1
海南 Hainan	0
重庆 Chongqing	10
四川 Sichuan	63
贵州 Guizhou	4
云南 Yunnan	1
西藏 Tibet	0
陕西 Shaanxi	76
甘肃 Gansu	0
青海 Qinghai	0
宁夏 Ningxia	0
新疆 Xinjiang	1
香港 Hong Kong	5
台湾 Taiwan	3
国外 Foreign	118
美国 U.S.A.	117
韩国 Korea	0
开曼群岛 Cayman Islands	1
日本 Japan	0

注：统计范围为向我国国家知识产权局提出集成电路布图设计登记申请的国内外申请人以及获得我国国家知识产权局登记发证的集成电路布图设计国内外专有权人。

表2　2016年集成电路布图设计登记发证统计表　（单位：件）

Statistics of Issued Certificates of Layout-design of Integrated Circuits in 2016　（unit：piece）

地区 Region	发证数量 Issued Certificate
合计 Total	2154
国内 Domestic	2044
东部地区 Eastern Region	1627
中部地区 Middle Region	276
西部地区 Western Region	133
东北地区 Northeast Region	1
北京 Beijing	166
天津 Tianjin	36
河北 Hebei	8
山西 Shanxi	0
内蒙古 Inner Mongolia	0
辽宁 Liaoning	1
吉林 Jilin	0
黑龙江 Heilongjiang	0
上海 Shanghai	500
江苏 Jiangsu	247
浙江 Zhejiang	120
安徽 Anhui	213
福建 Fujian	63
江西 Jiangxi	6
山东 Shandong	22
河南 Henan	1

（续表 cont'd）

地区 Region	发证数量 Issued Certificate
湖北 Hubei	37
湖南 Hunan	19
广东 Guangdong	465
广西 Guangxi	1
海南 Hainan	0
重庆 Chongqing	10
四川 Sichuan	55
贵州 Guizhou	4
云南 Yunnan	0
西藏 Tibet	0
陕西 Shaanxi	62
甘肃 Gansu	0
青海 Qinghai	0
宁夏 Ningxia	0
新疆 Xinjiang	1
香港 Hong Kong	4
台湾 Taiwan	3
国外 Foreign	110
美国 U.S.A.	109
韩国 Korea	0
开曼群岛 Cayman Islands	1
日本 Japan	0

注：统计范围为向我国国家知识产权局提出集成电路布图设计登记申请的国内外申请人以及获得我国国家知识产权局登记发证的集成电路布图设计国内外专有权人。

（本统计数据由国家知识产权局规划发展司提供）

V

农业植物新品种

1999~2016年品种权申请情况汇总表

Summary of Agricultural PBR's Applications and Grants，1999–2016

表1 根据植物种类划分的统计表 （单位：件）

Statistics of Classification by Plant Kind （unit：piece）

作物种类 Category of Crop	植物种类 Category of Plant	申请 Application	授权 Grant	2015年申请 Application in 2015	2016年申请 Application in 2016	2016年授权 Grant in 2016
大田作物 申请：14 905 授权：6938 Agricultural Crops Application：14 905 Grant：6938	水稻 Oryza sativa L.	5191	2468	508	669	551
	玉米 Zea mays L.	5848	2728	764	712	586
	普通小麦 Triticum aestivum L.	1479	616	148	241	94
	大豆 Glycine max (L.) Merrill	730	406	115	86	164
	甘蓝型油菜 Brassica napus L.	316	176	11	32	21
	花生 Arachis hypogaea L.	219	80	21	35	29
	甘薯 Ipomoea batatas (L.) Lam.	98	38	16	19	17
	谷子 Setaria italica (L.) Beauv.	95	30	29	19	4
	高粱 Sorghum bicolor (L.) Moench	81	38	7	14	7
	大麦属 Hordeum L.	110	48	7	10	8
	苎麻属 Boehmeria L.	3	2	0	0	0
	棉属 Gossypium L.	512	269	18	31	65
	亚麻 Linum usitatissimum L.	6	4	0	2	3
	芥菜型油菜 Brassica juncea Czern. et Coss.	1	0	0	0	0
	蚕豆 Vicia faba L.	18	7	5	0	0
	绿豆 Vigna radiata (L.) Wilczek	30	4	8	8	0
	芝麻 Sesamum indicum L.	20	2	6	3	1
	甘蔗属 Saccharum L.	58	21	10	11	9
	小豆 Vigna angularis (Willd.) Ohwi et Ohashi	13	1	2	8	1
	燕麦 Avena sativa L. & Avena nuda L.	0	0	0	0	0

（续表 cont'd）

作物种类 Category of Crop	植物种类 Category of Plant	申请 Application	授权 Grant	2015年申请 Application in 2015	2016年申请 Application in 2016	2016年授权 Grant in 2016
大田作物 申请：14 905 授权：6938 Agricultural Crops Application：14 905 Grant：6938	向日葵 Helianthus annuus L.	65	0	0	65	0
	荞麦属 Fagopyrum Mill	1	0	0	1	0
	白菜型油菜 Brassia campestris L.	4	0	0	4	0
	薏苡属 Coix Linn.	1	0	0	1	0
	蓖麻 Ricinus Communis L.	5	0	0	5	0
	甜菊（甜叶菊） Stevia rebaudiana (Bertoni) Hemsl	1	0	0	1	0
蔬菜 申请：1215 授权：466 Vegetables Application：1215 Grant：466	大白菜 Brassica campestris L. ssp. pekinensis (Lour.) Olsson	81	46	10	5	12
	马铃薯 Solanum tuberosum L.	121	49	10	15	19
	普通番茄 Lycopersicon esculentum Mill.	183	50	35	50	15
	黄瓜 Cucumis sativum L.	89	60	4	9	14
	辣椒属 Capsicum L.	184	69	27	37	25
	普通西瓜 Citrullus lanatus (Thunb.) Matsum et Nakai	125	50	15	26	10
	普通结球甘蓝 Brassica oleracea L. var. capitata (L.) Alef. var. alba DC.	67	27	11	18	15
	食用萝卜 Raphanus sativus L. var. longipinnatus Bailey & Raphanus sativus L. var. radiculus Pers.	17	6	3	2	3
	茄子 Solanum melongena L.	35	17	6	6	2
	豌豆 Pisum sativum L.	2	1	0	0	0
	菜豆 Phaseolus vulgaris L.	18	4	2	1	0
	豇豆 Vigna unguiculata (L.) Walp.	10	6	1	2	4
	大葱 Allium fistulosum L.	3	1	2	0	0
	西葫芦 Cucurbita pepo L.	39	9	12	5	2
	花椰菜 Brassica oleracea L. var. botrytis L.	24	12	1	2	4
	芹菜 Apium graveolens L.	4	0	0	1	0

（续表 cont'd）

作物种类 Category of Crop	植物种类 Category of Plant	申请 Application	授权 Grant	2015年申请 Application in 2015	2016年申请 Application in 2016	2016年授权 Grant in 2016
蔬菜 申请：1215 授权：466 Vegetables Application：1215 Grant：466	胡萝卜 Daucus carota L.	0	0	0	0	0
	白灵侧耳 Pleurotus nebrodensis (Inzenga) Quél.	3	1	0	0	0
	甜瓜 Cucumis melo L.	66	23	13	15	6
	草莓 Fragaria ananassa Duch.	66	27	9	14	5
	大蒜 Allium sativum L.	5	5	0	0	2
	不结球白菜 Brassica campestris ssp. chinensis	34	3	8	9	1
	苦瓜 Momordica charantia L.	11	0	0	4	0
	芥菜 Brassica juncea(L.) Czern.et coss	3	0	1	0	0
	芥蓝 Brassica alboglabra Bailey L.	3	0	2	1	0
	莴苣 Lactuca sativa L.	1	0	0	0	0
	冬瓜 Benincasa hispida Cogn.	2	0	0	2	0
	菠菜 Spinacia oleracea L.	2	0	0	2	0
	南瓜 Cucurbita moschata (Duch. ex Lam.)Duch. ex Poiret	14	0	0	14	0
	丝瓜属 Luffa Mill.	2	0	0	2	0
	青花菜 Brassica oleracea vovritalica	1	0	0	1	0
	洋葱 Allium cepa	0	0	0	0	0
	姜 Zingiber officinale Rosc.	0	0	0	0	0
	茭白（菰） Zizania latifolia (Griseb.) Stapf	0	0	0	0	0
	芦笋（石刁柏） Asparagus officinalis	0	0	0	0	0
	山药(薯蓣) Dioscoreae rhizoma	0	0	0	0	0
	菊芋 Helianthus tuberosus (L.1753)	0	0	0	0	0
	咖啡黄葵 Abelmoschus esculentus (Linn.) Moench	0	0	0	0	0

（续表 cont'd）

作物种类 Category of Crop	植物种类 Category of Plant	申请 Application	授权 Grant	2015年申请 Application in 2015	2016年申请 Application in 2016	2016年授权 Grant in 2016
花卉 申请：1244 授权：521 Ornamentals Application：1244 Grant：521	春兰 Cymbidium goeringii Rchb.f	0	0	0	0	0
	菊属 Chrysanthemum L.	293	156	25	38	14
	石竹属 Dianthus L.	127	58	5	9	17
	唐菖蒲属 Gladiolus L.	3	2	0	0	0
	兰属 Cymbidium Sw.	57	23	1	13	11
	百合属 Lilium L.	126	49	15	9	4
	鹤望兰属 Strelitzia Ait.	0	0	0	0	0
	补血草属 Limonium Mill.	4	3	0	0	2
	非洲菊 Gerbera jamesonii Bolus	130	86	0	5	16
	花毛茛 Ranunculus asiaticus L.	2	0	0	0	0
	雁来红 Amaranthus tricolor L.	0	0	0	0	0
	花烛属 Anthurium Schott	179	66	21	19	25
	果子蔓属 Guzmania Ruiz. & Pav.	54	29	1	5	7
	莲 Nelumbo nucifera Gaertn.	19	4	1	13	2
	蝴蝶兰属 Phalaenopsis Bl.	196	46	40	57	42
	秋海棠属 Begonia L.	17	5	4	5	0
	凤仙花 Impatiens balsamina L.	2	0	0	0	0
	非洲凤仙花 Impatiens wallerana Hook. f.	0	0	0	0	0
	新几内亚凤仙花 Impatiens hawkeri Bull.	14	4	4	0	4
	万寿菊属 Tagetes L.	11	0	3	0	0
	郁金香属 Tulipa L.	0	0	0	0	0
	仙客来 Cyclamen persicum Mill.	0	0	0	0	0

（续表 cont'd）

作物种类 Category of Crop	植物种类 Category of Plant	申请 Application	授权 Grant	2015年申请 Application in 2015	2016年申请 Application in 2016	2016年授权 Grant in 2016
花卉 申请：1244 授权：521 Ornamentals Application：1244 Grant：521	一串红 Salvia splendens Ker-Gawler	0	0	0	0	0
	三色堇 Viola tricolor L.	0	0	0	0	0
	矮牵牛(碧冬茄) Petunia hybrida (J.D.Hooker) Vilmorin	0	0	0	0	0
	马蹄莲属 Zantedeschia aethiepica (L.) Spreng.	0	0	0	0	0
	铁线莲属 Clematis L.	0	0	0	0	0
	石斛属 Dendrobium Sw.	5	0	0	5	0
	萱草属 Hemerocallis L.	5	0	0	5	0
	薰衣草属 Lavandula Linn.	0	0	0	0	0
	欧报春 Primula vulgaris	0	0	0	0	0
	水仙属 Narcissus L.	0	0	0	0	0
果树 申请：582 授权：233 Fruit Crops Application：582 Grant：233	梨属 Pyrus L.	82	46	7	14	7
	桃 Prunus persica（L.）Batsch.	64	37	7	11	12
	荔枝 Litchi chinensis Sonn.	3	1	2	0	0
	苹果属 Malus Mill.	89	28	22	8	7
	柑橘属 Citrus L.	74	28	8	8	9
	香蕉 Musa acuminata Colla	18	4	6	5	3
	猕猴桃属 Actinidia Lindl.	107	45	11	21	19
	葡萄属 Vitis L.	95	39	10	16	13
	李 Prunus salicina Lindl. & P. domestica L. & P.cerasifera Ehrh.	19	0	0	3	0
	桑属 Morus L.	15	5	0	3	3
	龙眼 Dimocarpus longan Lour.	0	0	0	0	0
	枇杷 Eriobotrya japonica Lindl.	8	0	6	1	0
	樱桃 Prunus avium L.	5	0	1	2	0
	芒果 Mangifera indica L.	1	0	0	0	0
	杨梅属 Myrica L.	0	0	0	0	0
	椰子 Cocos nucifera L.	0	0	0	0	0

（续表 cont'd）

作物种类 Category of Crop	植物种类 Category of Plant	申请 Application	授权 Grant	2015年申请 Application in 2015	2016年申请 Application in 2016	2016年授权 Grant in 2016
果树 申请：582 授权：233 Fruit Crops Application：582 Grant：233	凤梨属 Ananas Mill.	1	0	0	1	0
	番木瓜 Carica papaya L.	0	0	0	0	0
	木菠萝（菠萝蜜）Artocarpus heterophyllus Lam.	0	0	0	0	0
	无花果 Ficus carica Linn.	1	0	0	1	0
牧草 申请：20 授权：1 Pasture Grass Application：20 Grant：1	紫花苜蓿 Medicago sativa L.	7	0	2	0	0
	草地早熟禾 Poa pratensis L.	4	0	0	0	0
	酸模属 Rumex L.	3	0	0	1	0
	柱花草属 Stylosanthes Sw. ex Willd	2	1	0	0	0
	结缕草 Zoysia japonica Steud	4	0	0	4	0
其他 申请：109 授权：26 Others Application：109 Grant：26	华北八宝 Hylotelephium tatarinowii (Maxim.) H. Ohba	0	0	0	0	0
	橡胶树 Hevea brasiliensis（Willd. ex A. de Juss.）Muell. Arg.	8	6	1	0	6
	茶组 Camellia L. Section Thea (L.) Dyer	84	20	19	16	15
	木薯 Manihot esculenta Crantz	0	0	0	0	0
	人参 Panax ginseng C. A. Mey.	5	0	0	0	0
	三七 Panax notoginseng(Burk) F.H. Chen	1	0	0	0	0
	烟草 Nicotiana tabacum L. & Nicotiana rustica L.	7	0	0	1	0
	羊肚菌属 Morchella	0	0	0	0	0
	香菇 Lentinus edodes (Berk.) Sing	1	0	0	1	0
	黑木耳 Auricularia auricula (L.ex Hook.) Underwood	3	0	0	3	0
	灵芝属 Ganoderma Karst.	0	0	0	0	0
	双孢蘑菇 Agaricus bisporus	0	0	0	0	0
	枸杞属 Lycium L.	0	0	0	0	0
	天麻 Gastrodia elata Bl.	0	0	0	0	0
	灯盏花（短莛飞蓬）Erigeron breviscapus (Vant.) Hand-Mazz	0	0	0	0	0
	何首乌 Fallopia multiflora (Thunb.) Harald	0	0	0	0	0
	菘蓝 Isatis indigotica Fortune	0	0	0	0	0
合计 Total		18 075	8195	2069	2523	1937

表2　根据单位性质划分的统计表　（单位：件）

Statistics of Classification by Character of Units　（unit：piece）

单位性质 Character of Units	申请 Application	授权 Grant	2015年申请 Application in 2015	2016年申请 Application in 2016
国内科研 Domestic Research Institutes	7401	3981	705	928
国内企业 Domestic Enterprises	7353	2777	990	1173
国内教学 Domestic Teaching Institutes	1284	653	93	199
国内个人 Domestic Individual	896	397	95	71
国外企业 Foreign Enterprises	1032	362	160	137
国外个人 Foreign Individual	61	10	19	4
国外教学 Foreign Teaching Institutes	29	13	6	2
国外科研 Foreign Research Institutes	19	2	1	9
合计 Total	18 075	8195	2069	2523

表3 根据地区划分的统计表 （单位：件）
Statistics of Classification by Region （unit：piece）

	排名 Ranking	地区 Region	申请 Application	授权 Grant	2015年申请 Application in 2015	2016年申请 Application in 2016
国内 Domestic	1	北京 Beijing	1940	668	361	368
	2	河南 Henan	1419	606	207	189
	3	山东 Shandong	1280	646	107	174
	4	江苏 Jiangsu	1191	609	99	154
	5	黑龙江 Heilongjiang	1101	505	138	166
	6	四川 Sichuan	1067	667	55	87
	7	安徽 Anhui	1023	296	138	195
	8	吉林 Jilin	883	460	71	84
	9	河北 Hebei	761	380	76	112
	10	云南 Yunnan	702	300	81	90
	11	湖南 Hunan	668	375	55	77
	12	辽宁 Liaoning	662	346	28	35
	13	浙江 Zhejiang	499	214	62	67
	14	广东 Guangdong	495	186	59	115
	15	福建 Fujian	401	180	60	61
	16	湖北 Hubei	388	195	33	48
	17	上海 Shanghai	322	151	45	46
	18	内蒙古 Inner Mongolia	278	121	32	43
	19	广西 Guangxi	272	149	37	32

（续表 cont'd）

	排名 Ranking	地区 Region	申请 Application	授权 Grant	2015年申请 Application in 2015	2016年申请 Application in 2016
国内 Domestic	20	陕西 Shaanxi	220	91	17	46
	21	天津 Tianjin	193	67	24	22
	22	山西 Shanxi	191	89	38	17
	23	贵州 Guizhou	189	126	8	14
	24	新疆 Xinjiang	180	100	12	25
	25	重庆 Chongqing	158	80	9	18
	26	江西 Jiangxi	143	85	6	19
	27	甘肃 Gansu	139	55	10	38
	28	海南 Hainan	65	34	8	10
	29	台湾 Taiwan	48	5	1	15
	30	宁夏 Ningxia	38	15	4	4
	31	青海 Qinghai	13	7	2	0
	32	西藏 Tibet	5	0	0	0
国外 Foreign	荷兰 Netherlands		398	182	38	42
	美国 U.S.A.		346	82	75	45
	韩国 Korea		95	44	2	7
	法国 France		66	0	46	10
	日本 Japan		63	31	5	5
	德国 Germany		40	13	4	7
	瑞士 Switzerland		26	2	9	9

（续表 cont'd）

	排名 Ranking	地区 Region	申请 Application	授权 Grant	2015年申请 Application in 2015	2016年申请 Application in 2016
国外 Foreign	意大利 Italy		20	5	3	7
	西班牙 Spain		18	9	0	5
	比利时 Belgium		18	10	0	4
	新西兰 New Zealand		18	4	2	2
	澳大利亚 Australia		15	3	2	3
	以色列 Israel		11	0	0	5
	英国 U.K.		2	1	0	0
	南非 South Africa		1	1	0	0
	爱尔兰 Ireland		1	0	0	0
	希腊 Greece		1	0	0	0
	智利 Chile		1	0	0	0
	新加坡 Singapore		1	0	0	1
	合计 Total		18 075	8195	2069	2523

表4　1999～2016年国外植物新品种权申请情况统计表　（单位：件）

Statistics of Application for Foreign Plant Variety Right, 1999–2016（unit：piece）

申请地区 Region	植物种类 Category of Plant	申请量 Application
荷兰（申请398件） Netherlands（398）	马铃薯 Solanum tuberosum L.	28
	菊属 Chrysanthemum L.	73
	石竹属 Dianthus L.	22
	普通番茄 Lycopersicon esculentum Mill.	4
	辣椒属 Capsicum L.	11
	梨属 Pyrus L.	1
	百合属 Lilium L.	51
	普通结球甘蓝 Brassica oleracea L. var. capitata（L.）Alef. var. alba DC.	3
	茄子 Solanum melongena L.	7
	非洲菊 Gerbera jamesoii Bolus	10
	花烛属 Anthurium Schott	113
	果子蔓属 Guzmania Ruiz. & Pav.	26
	蝴蝶兰属 Phalaenopsis Bl.	35
	秋海棠属 Begonia L.	14
美国（申请346件） U.S.A.（346）	玉米 Zea mays L.	262
	普通番茄 Lycopersicon esculentum Mill.	21
	辣椒属 Capsicum L.	10
	苹果属 Malus Mill.	4
	柑橘属 Citrus L.	2
	葡萄属 Vitis L.	21
	草莓 Fragaria ananassa Duch.	26

（续表 cont'd）

申请地区 Region	植物种类 Category of Plant	申请量 Application
韩国（申请95件） Korea（95）	水稻 Oryza sativa L.	2
	玉米 Zea mays L.	6
	马铃薯 Solanum tuberosum L.	5
	菊属 Chrysanthemum L.	22
	唐菖蒲属 Gladiolus L.	1
	梨属 Pyrus L.	24
	兰属 Cymbidium Sw.	4
	甘薯 Ipomoea batatas （L.） Lam.	3
	桃 Prunus persica（L.）Batsch.	2
	普通结球甘蓝 Brassica oleracea L. var. capitata（L.）Alef. var. alba DC.	1
	苹果属 Malus Mill.	7
	猕猴桃属 Actinidia Lind l.	4
	葡萄属 Vitis L.	8
	草莓 Fragaria ananassa Duch.	2
	人参 Panax ginseng C. A. Mey.	4
日本（申请63件） Japan（63）	水稻 Oryza sativa L.	13
	菊属 Chrysanthemum L.	10
	石竹属 Dianthus L.	3
	石斛属 Dendrobium Sw.	3
	普通番茄 Lycopersicon esculentum Mill.	1
	辣椒属 Capsicum L.	1
	兰属 Cymbidium Sw.	10

（续表 cont'd）

申请地区 Region	植物种类 Category of Plant	申请量 Application
日本（申请63件） Japan（63）	桃 Prunus persica（L.）Batsch.	1
	苹果属 Malus Mill.	2
	甜瓜 Cucumis melo L.	1
	草莓 Fragaria ananassa Duch.	3
	香菇 Lentinus edodes (Berk.) Sing	1
	新几内亚凤仙花 Impatiens hawkeri Bull.	14
德国（申请40件） Germany（40）	水稻 Oryza sativa L.	2
	玉米 Zea mays L.	21
	菊属 Chrysanthemum L.	5
	梨属 Pyrus L.	3
	苹果属 Malus Mill.	1
	李 Prums salicina Lindl. & P. domestica L. & P. cerasifera Ehrh.	2
	秋海棠属 Begonia L.	1
	马铃薯 Solanum tuberosum L.	5
比利时（申请18件） Belgium（18）	果子蔓属 Guzmania Ruiz. & Pav.	14
	苹果属 Malus Mill.	4
新西兰（申请18件） New Zealand（18）	苹果属 Malus Mill.	9
	猕猴桃属 Actinidia Lindl.	9
西班牙（申请18件） Spain（18）	石竹属 Dianthus L.	12
	柑橘属 Citrus L.	4
	草莓 Fragaria ananassa Duch.	2

（续表 cont'd）

申请地区 Region	植物种类 Category of Plant	申请量 Application
澳大利亚（申请15件）Australia（15）	大麦属 Hordeum L.	2
	苹果属 Malus Mill.	8
	柑橘属 Citrus L.	3
	李 Prums salicina Lindl. & P. domestica L. & P. cerasifera Ehrh.	2
意大利（申请20件）Italy（20）	石竹属 Dianthus L.	3
	梨属 Pyrus L.	1
	苹果属 Malus Mill.	4
	猕猴桃属 Actinidia Lindl.	1
	葡萄属 Vitis L.	2
	草莓 Fragaria ananassa Duch.	9
法国（申请66件）France（66）	玉米 Zea Mays L.	59
	马铃薯 Solanum tuberosum L.	5
	苹果属 Malus Mill.	1
	草莓 Fragaria ananassa Duch.	1
瑞士（申请26件）Switzerland（26）	玉米 Zea Mays L.	24
	普通番茄 Lycopersicon Tsculentum Mill.	1
	普通西瓜 Citrullus Lanatus	1
以色列（申请11件）Israel（11）	非洲菊 Gerbera	4
	普通番茄 Lycopersicon esculentum Mill.	2
	蓖麻 Ricinus communis L.	5
英国（申请2件）U.K.（2）	马铃薯 Solanum tuberosum L.	1
	苹果属 Malus Mill.	1

（续表 cont'd）

申请地区 Region	植物种类 Category of Plant	申请量 Application
智利（申请1件） Chile（1）	葡萄属 Vitis L.	1
爱尔兰（申请1件） Ireland（1）	马铃薯 Solanum tuberosum L.	1
南非（申请1件） South Africa（1）	柑橘属 Citrus L.	1
希腊（申请1件） Greece（1）	猕猴桃属 Actinidia Lindl.	1
新加坡（申请1件） Sigapore（1）	风梨属 Ananas Mill.	1
合计（件） Total（piece）	1141	

（本统计数据由农业部植物新品种保护办公室提供）

Ⅵ

林业植物新品种

表1 1999~2016年林业植物新品种申请量和授权量统计表 （单位：件）

Statistics of Forestry PBR's Applications and Grants，1999–2016 （unit：piece）

年度 Year	申请 Application			授权 Grant		
	国内申请人 Domestic Applicant	国外申请人 Foreign Applicant	合计 Total	国内品种权人 Domestic Titles Holder	国外品种权人 Foreign Titles Holder	合计 Total
1999	181	1	182	6	0	6
2000	7	4	11	18	5	23
2001	8	2	10	19	0	19
2002	13	4	17	1	0	1
2003	14	35	49	7	0	7
2004	17	19	36	16	0	16
2005	41	32	73	19	22	41
2006	22	29	51	8	0	8
2007	35	26	61	33	45	78
2008	57	20	77	35	5	40
2009	62	5	67	42	13	55
2010	85	4	89	26	0	26
2011	123	16	139	11	0	11
2012	196	26	222	169	0	169
2013	169	8	177	115	43	158
2014	243	11	254	150	19	169
2015	208	65	273	164	12	176
2016	328	72	400	178	17	195
合计 Total	1809	379	2188	1017	181	1198

表2　1999~2016年林业授权品种中不同植物类别授权量统计（单位：件）

Statistics of Grants Classification by Different Plant Species in Forestry PBR's Grants，1999–2016　（unit：piece）

年份 Year	林木 Forest	经济林 Economic Forest	观赏植物 Woody Ornamental	竹 Bamboo	木质藤本 Woody Rattan	其他 Others	合计 Total
1999	6	0	0	0	0	0	6
2000	3	0	20	0	0	0	23
2001	2	2	14	0	0	1	19
2002	0	1	0	0	0	0	1
2003	6	1	0	0	0	0	7
2004	6	4	5	0	0	1	16
2005	3	1	34	0	0	3	41
2006	5	0	3	0	0	0	8
2007	7	1	70	0	0	0	78
2008	10	6	19	1	0	4	40
2009	14	1	39	0	0	1	55
2010	10	6	10	0	0	0	26
2011	2	1	5	0	0	3	11
2012	27	20	113	0	2	7	169
2013	34	9	114	1	0	0	158
2014	24	13	121	1	0	10	169
2015	31	28	106	1	2	8	176
2016	44	40	104	2	3	2	195
合计 Total	234	134	777	6	7	40	1198

表3 1999~2016年林业授权品种中不同申请国家的授权量统计 （单位：件）

Statistics of Grants Classification by Nationality of Applicants in Forestry PBR's Grants，1999–2016 （unit：piece）

排名 Ranking	国家 Country	授权总量 Total Grants	2016年授权量 Grant in 2016	主要属种 The Main Species
1	中国 China	1017	178	蔷薇属、杨属、山茶属、杜鹃花属 Rose L.，Populus，Camelia，Rhododendron L.
2	德国 Germany	57	0	蔷薇属、大戟属 Rose L.，Euphorbia L.
3	荷兰 Netherlands	43	4	蔷薇属 Rose L.
4	法国 France	30	3	蔷薇属 Rose L.
5	英国 U.K.	23	4	蔷薇属 Rose L.
6	美国 U.S.A.	15	6	大戟属、悬钩子属 Euphorbia L.，Prunus armeniaca
7	比利时 Belgium	6	0	杜鹃花属 Rhododendron L.
8	意大利 Italy	4	0	蔷薇属 Rose L.
9	丹麦 Denmark	2	0	蔷薇属 Rose L.
10	新西兰 New Zealand	1	0	蔷薇属 Rose L.
合计 Total		1198	195	

表4 1999~2016年各国授权品种的属(种)授权量统计 （单位：件）

Statistics of Grants Classification by Nationality of Titles Holder，1999–2016（unit：piece）

属（种） Species	授权总量 Total Grant										
	中国 China	德国 Germany	荷兰 Netherlands	法国 France	英国 U.K.	美国 U.S.A.	比利时 Belgium	意大利 Italy	丹麦 Denmark	新西兰 New Zealand	合计 Total
蔷薇属 Rose L.	140	42	40	30	23	0	0	4	2	1	282
杨属 Populus	122	0	0	0	0	0	0	0	0	0	122
山茶属 Camelia	68	0	0	0	0	0	0	0	0	0	68
杜鹃花属 Rhododendron L.	56	0	0	0	0	0	6	0	0	0	62

（续表 cont'd）

属（种） Species	授权总量 Total Grant										
	中国 China	德国 Germany	荷兰 Netherlands	法国 France	英国 U.K.	美国 U.S.A.	比利时 Belgium	意大利 Italy	丹麦 Denmark	新西兰 New Zealand	合计 Total
芍药属 Paeonia L.	35	0	0	0	0	0	0	0	0	0	35
含笑属 Michelia L.	32	0	0	0	0	0	0	0	0	0	32
牡丹花属 Paeonia Suffruticosa	32	0	0	0	0	0	0	0	0	0	32
核桃属 Juglans L.	30	0	0	0	0	0	0	0	0	0	30
大戟属 Euphorbia L.	3	15	0	0	0	7	0	0	0	0	25
银杏 Ginkgo	24	0	0	0	0	0	0	0	0	0	24
木兰属 Magnolia L.	21	0	0	0	0	0	0	0	0	0	21
其他 Others	454	0	3	0	0	8	0	0	0	0	465
合计 Total	1017	57	43	30	23	15	6	4	2	1	1198

表5 1999~2016年林业授权品种中不同植物类别品种权人的授权量统计（单位：件）
Statistics of Grants Classification by Kind of Plant Titles Holder in Forestry PBR's Grants，1999–2016 （unit：piece）

品种权人 Titles Holder / 植物类别 Category of Plants	企业 Enterprises	科研院所 Research Institute	高等院校 College	个人 Individual	植物园 Botanical Garden	其他 Others	合计 Total
观赏植物 Ornamental Plant	368	115	113	115	45	21	777
林木 Forest	34	112	76	11	1	0	234
经济林 Economic Forest	18	81	24	8	0	3	134
木质藤本 Woody Rattan	3	2	1	0	0	1	7
竹 Bamboo	0	5	1	0	0	0	6
其他 Others	18	16	3	3	0	0	40
合计 Total	441	331	218	137	46	25	1198

（本统计数据由国家林业局植物新品种保护办公室提供）

VII

海关知识产权保护

表1 2016年海关采取知识产权保护措施统计表
Statistics of Measures to Protect Intellectual Property Rights in 2016

	中止货物通关 Suspension of Release	扣留侵权嫌疑货物 Seized Infringing Goods
批次 Shipment	25 237	23 227
商品数量（件/双） Quantity（piece/pair）	98 513 199	69 773 125

表2 2016年海关扣留货物涉及的知识产权类型统计表
Statistics of Intellectual Property Rights of Seized Goods in 2016

知识产权类型 Types of Intellectual Property Right	商品数量（件/双） Quantity（piece/pair）	占比 Percent
商标专用权 Exclusive Right of Trademark	41 456 410	98.57%
著作权 Copyright	538 613	1.28%
专利权 Patent Right	57 193	0.14%
奥林匹克标志专有权 Exclusive Right of the Olympic Symbols	6000	0.01%

表3 2016年海关扣留货物的进出口流向统计表
Statistics of Seized Goods Imported and Exported in 2016

进出口类型 Imported or Exported	批次 Shipment	占比 Percent	商品数量（件/双） Quantity（piece/pair）	占比 Percent
合计 Total	17 493		42 058 216	
进口 Import	667	3.81%	441 421	1.05%
出口 Export	16 826	96.20%	41 616 795	98.95%

表4 2016年海关扣留货物的商品类别统计表
Statistics of Categories of Infringing Goods Seized in 2016

商品类别 Type	商品数量（件/双） Quantity（piece/pair）	占比 Percent
烟草 Cigarettes	13 768 890	32.74%
食品饮料 Food & Beverages	316 706	0.75%
其他轻工产品 Light Industry Products	808 257	1.92%
五金机械 Hardware	3 004 736	7.14%
化妆、个人护理用品 Cosmetic	6 919 410	16.45%
服装 Apparel	1 063 097	2.53%
鞋类 Footwear	655 616	1.56%
汽车、摩托车 Automobile	109 078	0.26%
其他机电产品 Other Machinery and Electronic Products	2 025 256	4.82%
帽类 Headwear	87 955	0.21%
箱包及皮革制品 Bag & Leatherware	169 370	0.40%
通信设备 Communication Apparatus	287 783	0.68%
手表 Watch	54 754	0.13%
玩具游戏 Toys & Games	234 824	0.56%
药品 Pharmaceuticals	1 392 446	3.31%
存储介质 Storage Medium	199 524	0.47%
运动器具 Sports Equipments	112 915	0.27%
珠宝首饰 Jewelry	7926	0.02%
医疗器械 Medicine and Medical Appliance	20	0.00%
其他 Others	10 839 653	25.77%

表5　2016年海关扣留货物的运输方式统计表
Statistics of Transportation Means of Infringing Goods in 2016

	邮递 Post	快件 Express	海运 Sea	航空 Airport	汽车 Auto	铁路 Railway	其他 Others
批次 Shipment	14 227	1023	1191	320	287	55	391
占比 Percent	81.33%	5.85%	6.81%	1.83%	1.64%	0.31%	2.24%
商品数量（件/双）Quantity（piece/pair）	179 424	75 208	39 401 332	730 858	383 226	74 336	1 213 832
占比 Percent	0.43%	0.18%	93.68%	1.74%	0.91%	0.18%	2.89%

表6　2016年海关知识产权执法模式统计表
Statistics of Types of Enforcement Actions in 2016

执法模式 Types of Enforcement	批次 Shipment	占比 Percent	货物数量（件/双）Quantity（piece/pair）	占比 Percent
依职权扣留 by Authority	17 443	99.70%	38 557 809	91.68%
依申请扣留 by Application	50	0.30%	3 500 407	8.32%

表7　2016年海关保护的知识产权权利人来源情况统计表
Statistics of Country（Region）of Intellectual Property Rights Holders Protected in 2016

国别（地区）Country（Region）	权利数 Number of Rights	商品数量（件/双）Quantity（piece/pair）	案值（元）Amounts of Value Involved（yuan）
美国 U.S.A.	1160	5 739 490	54 217 455
法国 France	730	1 105 836	6 264 317
德国 Germany	532	1 157 233	16 399 075
韩国 Korea	325	1 359 044	5 982 605

（续表 cont'd）

国别（地区） Country（Region）	权利数 Number of Rights	商品数量（件/双） Quantity（piece/pair）	案值（元） Amounts of Value Involved （yuan）
瑞士 Switzerland	365	17 496 078	7 543 205
意大利 Italy	312	716 553	5 167 473
日本 Japan	246	622 855	60 562 240
中国 China	278	7 578 542	45 116 512
英国 U.K.	313	1 841 978	6 322 557
荷兰 Netherlands	408	1 018 789	13 304 122
卢森堡 Luxembourg	103	32 348	951 896
瑞典 Sweden	29	465 945	3 682 668
加拿大 Canada	29	342 233	877 095
中国香港 Hong Kong，China	42	69 056	380 200
巴西 Brazil	5	74 341	452 640
中国台湾 Taiwan of China	5	1 508 080	368 847
西班牙 Spain	2	602	12 400
印度 India	5	99 030	178 788
奥地利 Austria	1	4	200
蒙古 Mongolia			
丹麦 Denmark	12	527	11 385
芬兰 Finland			
泰国 Thailand	2	20 124	150 506
阿联酋 United Arab Emirates	3	20 992	150 405

（续表 cont'd）

国别（地区） Country（Region）	权利数 Number of Rights	商品数量（件/双） Quantity（piece/pair）	案值（元） Amounts of Value Involved（yuan）
新加坡 Singapore	3	138 942	621 224
国际奥组委 International Olympic Committee	1	6000	8000
匈牙利 Hungary			
伊朗 Iran			
英属维尔京群岛 British Virgin Islands	2	841	1340
阿尔巴尼亚 Albania	1	23	4600
阿根廷 Argentina			
澳大利亚 Australia	8	27 754	1 337 779
菲律宾 Philippines			
海地 Haiti			
梅利利亚 Melilla			
挪威 Norway			
土耳其 Turkey	4	59 756	717 932
印度尼西亚 Indonesia			
中国澳门 Macao，China			
比利时 Belgium	2	209 356	128 384
俄罗斯 Russia	2	306 000	306 000
捷克 Czech	2	32	320
列支敦士登 Liechtenstein	2	5804	205 000
墨西哥 Mexican	2	1617	135 105

（续表 cont'd）

国别（地区） Country（Region）	权利数 Number of Rights	商品数量（件/双） Quantity（piece/pair）	案值（元） Amounts of Value Involved（yuan）
爱尔兰 Ireland	1	31 288	60 376
开曼群岛 Cayman Islands	1	3	90
库拉索 Curacao	1	1120	8960

（本统计数据由海关总署政策法规司提供）

Ⅷ

知识产权司法保护

表1　2016年全国法院受理和审结各类知识产权案件统计表
Statistics of Intellectual Property Cases Accepted and Concluded by the People's Courts Nationwide in 2016

项目 Item	2016年 Year 2016
一、全国地方法院刑事案件 Criminal Cases Nationwide	
新收一审案件（件） Instance Cases Accepted（piece）	8352
审结一审案件（件） Instance Cases Concluded（piece）	8601
生效判决人数（人） Effective Judgement（people）	10 431
给予刑事处罚（人） Criminal Punishment（people）	10 334
侵犯知识产权犯罪（件） Criminal Cases Infringing Intellectual Property Rights（piece）	3903
假冒注册商标罪（件） Criminal Cases Counterfeiting Registered Trademarks（piece）	1793
销售假冒注册商标的商品罪（件） Criminal Cases of Selling Counterfeit Trademark Goods（piece）	1543
非法制造、销售非法制造的注册商标标识罪（件） Criminal Cases of Illegal Manufacturing，Selling of Illegal Manufacture of Registered Trademarks（piece）	311
假冒专利罪（件） Criminal Cases Counterfeiting Patents（piece）	5
侵犯著作权罪（件） Criminal Cases Infringing Copyrights（piece）	207
销售侵权复制品罪（件） Criminal Cases of Selling Infringing Copies（piece）	4
侵犯商业秘密罪（件） Criminal Case Violating Trade Secrets（piece）	40
生产、销售伪劣商品犯罪（涉及侵犯知识产权）（件） Crimes of Manufacturing and Distribution of Goods with Inferior Quality（Infringing Intellectual Property Rights）（piece）	2855
非法经营犯罪（涉及侵犯知识产权）（件） Crimes of Illegal Business Operations（Infringing Intellectual Property Right）（piece）	1551

（续表 cont'd）

项目 Item	2016年 Year 2016
其他犯罪（涉及侵犯知识产权）（件） Other Crimes（Infringing Intellectual Property Rights）（piece）	292
新收二审案件（件） Second Instance Cases Accepted（piece）	787
审结二审案件（件） Second Instance Cases Concluded（piece）	812
二、全国地方法院行政案件 Administrative Cases Nationwide	
新收一审案件（件） First Instance Cases Accepted（piece）	7186
新收专利案件（件） Patent Cases Accepted（piece）	1123
新收商标案件（件） Trademark Cases Accepted（piece）	5990
新收著作权案件（件） Copyright Cases Accepted（piece）	37
新收其他案件（件） Other Cases Accepted（piece）	36
审结一审案件（件） First Instance Cases Concluded（piece）	6250
判决维持具体行政行为的（件） Cases of Deciding to Maintain Specific Administratine Act（piece）	4241
判决撤销的（件） Cases of Cancellation Decision（piece）	1263
新收二审案件（件） Second Instance Cases Accepted（piece）	3233
审结二审案件（件） Second Instance Cases Concluded（piece）	3069
三、全国地方法院民事案件 Civil Cases Nationwide	
新收一审案件（件） First Instance Cases Accepted（piece）	136 534
同比增长（%） Year-on-year Growth（%）	24.82
专利案件（件） Patent Cases Accepted（piece）	12 357
同比增长（%） Year-on-year Growth（%）	6.46

（续表 cont'd）

项目 Item	2016年 Year 2016
商标案件（件） Trademark Cases Accepted（piece）	27 185
同比增长（%） Year-on-year Growth（%）	12.48
著作权案件（件） Copyright Cases Accepted（piece）	86 989
同比增长（%） Year-on-year Growth（%）	30.44
技术合同案件（件） Technology Contract Cases Accepted（piece）	2401
同比增长（%） Year-on-year Growth（%）	62.23
竞争案件（件） Unfair Competition Cases Accepted（piece）	2286
同比增长（%） Year-on-year Growth（%）	4.81
其中垄断民事一审案件 First Instance Antimonopoly Civil Case	156
其他知识产权案件（件） Other Intellectual Property Cases（piece）	5316
同比增长（%） Year-on-year Growth（%）	71.87
审结一审案件（件） First Instance Cases Concluded（piece）	131 813
同比增长（%） Year-on-year Growth（%）	30.09
涉外案件（件） Foreign Related Cases Concluded（piece）	1667
同比增长（%） Year-on-year Growth（%）	25.62
涉港澳台案件（件） Cases Involving Hong Kong，China；Macao，China and Taiwan of China Concluded（piece）	1130
同比增长（%） Year-on-year Growth（%）	291.99
新收二审案件（件） Second Instance Cases Accepted（piece）	20 793
同比增长（%） Year-on-year Growth（%）	37.57

（续表 cont'd）

项目 Item	2016年 Year 2016
审结二审案件（件） Second Instance Cases Concluded（piece）	20 334
同比增长（%） Year-on-year Growth（%）	35.33
新收再审案件（件） Retrial Cases Accepted（piece）	79
同比下降（%） Year-on-year Decrease（%）	31.3
审结再审案件（件） Retrial Cases Concluded（piece）	85
同比下降（%） Year-on-year Decrease（%）	25.44
四、最高人民法院知识产权审判庭案件 Cases of the Supreme Court	
新收知识产权民事案件（件） Civil Cases Accepted（piece）	369
审结知识产权民事案件（件） Civil Cases Concluded（piece）	383
新收知识产权行政案件（件） Administrative Cases Accepted（piece）	355
审结知识产权行政案件（件） Administrative Cases Concluded（piece）	352

（本统计数据由最高人民法院知识产权审判庭提供）

表2 2016年全国检察机关办理侵犯知识产权案件情况统计表
Statistics of Infringement of Intellectual Property Cases by the People's Procuratorate Nationwide in 2016

项目 Item	2016年 Year 2016
合计 Total	
批捕案件（件） Cases Approved the Arrest（piece）	2333
批捕人数（人） People Approved the Arrest（people）	3951
起诉案件（件） Cases Prosecuted（piece）	4051
起诉人数（人） People Prosecuted（people）	7464
一、侵犯知识产权犯罪 Infringement of Intellectual Property Cases	
批捕案件（件） Cases Approved the Arrest（piece）	2251
批捕人数（人） People Approved the Arrest（people）	3797
起诉案件（件） Cases Prosecuted（piece）	3863
起诉人数（人） People Prosecuted（people）	7059
1. 假冒注册商标罪 Criminal Cases Counterfeiting Registered Trademarks	
批捕案件（件） Cases Approved the Arrest（piece）	1037
批捕人数（人） People Approved the Arrest（people）	1911
起诉案件（件） Cases Prosecuted（piece）	1684
起诉人数（人） People Prosecuted（people）	3259
2. 销售假冒注册商标的商品罪 Criminal Cases Selling Counterfeit Trademark Goods	
批捕案件（件） Cases Approved the Arrest（piece）	873

（续表 cont'd）

项目 Item	2016年 Year 2016
批捕人数（人） People Approved the Arrest（people）	1330
起诉案件（件） Cases Prosecuted（piece）	1486
起诉人数（人） People Prosecuted（people）	2470
3. 非法制造、销售非法制造的注册商标标识罪 Criminal Cases of Illegal Manufacturing, Selling of Illegal Manufacture of Registered Trademarks	
批捕案件（件） Cases Approved the Arrest（piece）	167
批捕人数（人） People Approved the Arrest（people）	264
起诉案件（件） Cases Prosecuted（piece）	294
起诉人数（人） People Prosecuted（people）	556
4. 侵犯著作权罪 Criminal Cases Infringing Copyrights	
批捕案件（件） Cases Approved the Arrest（piece）	66
批捕人数（人） People Approved the Arrest（people）	97
起诉案件（件） Cases Prosecuted（piece）	182
起诉人数（人） People Prosecuted（people）	307
5. 销售侵权复制品罪 Criminal Cases Selling Infringing Copies	
批捕案件（件） Cases Approved the Arrest（piece）	4
批捕人数（人） People Approved the Arrest（people）	5
起诉案件（件） Cases Prosecuted（piece）	2
起诉人数（人） People Prosecuted（people）	3
6. 侵犯商业秘密罪 Criminal Cases Violating Trade Secrets	

（续表 cont'd）

项目 Item	2016年 Year 2016
批捕案件（件） Cases Approved the Arrest（piece）	22
批捕人数（人） People Approved the Arrest（people）	36
起诉案件（件） Cases Prosecuted（piece）	25
起诉人数（人） People Prosecuted（people）	57
二、数罪中含侵犯知识产权罪 Criminal Cases Infringing Intellectual Property Rights in Several Crimes	
批捕案件（件） Cases Approved the Arrest（piece）	17
批捕人数（人） People Approved the Arrest（people）	27
起诉案件（件） Cases Prosecuted（piece）	18
起诉人数（人） People Prosecuted（people）	45
三、他罪中含侵犯知识产权行为 Intellectual Property Rights Violations Contained in Other Crimes	
批捕案件（件） Cases Approved the Arrest（piece）	65
批捕人数（人） People Approved the Arrest（people）	127
起诉案件（件） Cases Prosecuted（piece）	170
起诉人数（人） People Prosecuted（people）	360

（本统计数据由最高人民检察院侦查监督厅提供）